HIKE YOUR OWN HIKE

PCT徒步太平洋屋脊

最慢 的—速度

王維寶—著

4286km ├────────→ 139DAYS

WAI-PO WONG

Hike Your
Own Hike

139 days
4286 Kilometers

目錄

生命無
Take Two

起航

「請問各位記者還有沒有其他問題？」台下只有三個記者，其中一個還是攝影記者。「如果沒有的話，今次調查發布會到這裡結束。」

記者慢慢收拾桌面上的東西，準備離開。所謂收拾，其實就是把一頁紙的新聞稿，和記者的筆記本放回包中而已，但他一定不會忘記，在離開前必定要做的一件事。

「議員你好，這是我的名片，一會能不能把今天新聞稿的電子檔發到我的郵箱呢？」他知道，比起在發布會上問再多問題，倒不如拿到電子檔的新聞稿更實際，因為只要將內容複製貼上搬弄一下，不用打太多字就可以交稿。

記者沒有多問一句，因為他知道，答案早就寫在那新聞稿中，你不會期待錄音機會播放額外的內容。「每天都採訪這些無聊發布會，一個問卷調查才收集二百多個樣本也敢拿出來發布，還真的有報館會派人去採訪，這算什麼新聞呀？」記者心想。

剛好見到另一報館要好的記者也完成採訪，就相約一起去吃飯。「你還有新聞理想嗎？」兩個入行不久的記者，不知不覺聊到這沉重的話題，沉默。

四年前的我，總算是入行成為一名記者，但現實很快將我擊沉，我對

新聞業的熱情，很快就被磨滅，但我萬萬想不到，我人生中的轉捩點，是一次平凡無奇的台灣六日行。

人生第一次獨行，第一次做背包客，在城市中漫無目的地徒步，穿梭在大街小巷，直到那一刻，我才真正愛上徒步，愛上背包遊，我還記得，當時的心情，快活得控制不了自己的嘴角上揚，興奮得想高聲歡呼，更重要的是，我在這次行程中，遇到了影響我一生的兩個人，Dan 和 Tracy。

「這是我在尼泊爾登山時的照片，最高海拔我也爬到七千多米了，每天我都會頭痛得要命，在帳篷內凍得不停發抖，我真的以為自己會死在山上，所以每天會寫信給家人，感覺就像在寫遺書一樣。」Dan 是一位正在環遊世界做義工的加拿大人，Dan 向我們展示他在世界各地生活和旅遊的照片，說著一個又一個的神奇故事，在這些故事背後，帶著那些「珍惜眼前人」、「年輕時要出去走多點」老生常談的大道理，但這一次，他的話有無比的說服力，而深深的打動了我。

Tracy 坐在我的身邊，一起聽著 Dan 的故事，她是一位剛大學畢業的香港女生，我們三人在高雄一間青年旅館相遇。

命運就是這樣，如果當天我遇到的只有 Dan 一個人，說不定我只是空有羨慕之心，之後又繼續原地踏步，但在同一場合，我遇到了 Tracy，眼見她一個女生來台灣環島旅遊，一玩就玩了一個多月，雖然她的故事比起 Dan 來說略顯平凡，但讓我有種「她一個小女生也敢出走，我還怕什麼，還找什麼藉口」的感覺，當下就開始計劃要來一次長途旅遊。

就這樣，Dan 給了我方向和目標，Tracy 給了我勇氣，兩者缺一，也沒有今天的我。

過了半年後，我正式辭去記者的工作，踏上我的旅程，我選了一個最熱門，也最不確定的旅行方式，由廣州攔順風車到西藏拉薩，想當年我的臉皮還是太薄，連在路邊伸手頭都有點害羞，後來漸漸體會到，無謂的自尊只會讓自己停步不前，如果真心想去做一些事情，就不要太介懷別人對自己的看法，跟隨自己的意志，勇往直前，才是達成自己目標的另一路徑。

在路上，我高舉拇指等候著有心人停下出來，這種無了期的等待，也讓我學會面對焦慮；當有車下來時，那種興奮，那種感恩，那種滿足，是

一般旅遊無法帶給我的。順風車之旅讓我感受到這個世界的善意和人與人之間的信任，司機們無償的付出，代表著人性的光輝。

　　當自己的心因旅行而變得廣闊，世界也就此變得不再一樣，我生活中的格局，也不再侷限於那小小的記者會或辦公室中，正所謂「心有多大，世界就有多大」，如果你想改變這個世界，倒不如先嘗試改變自己，成功的話，可能已經看到一個不一樣的世界。

最慢的一種方式

　　旅行，對不同的人來說，有不同的意義，不同的旅遊方式，反映著各位旅人的個性。而我，選擇了「徒步」作為我的旅行方式。當朋友們知道我要「徒步環島」時，大家都會直接爆出「神經病」三個字，他們不明白，環台，可以有很多種方法，但為什麼我偏偏要選擇一種時間最長，最辛苦的方式呢？

　　很多人去環台，都會選擇騎單車，徒步和單車所挑戰的領域各有不同，長途徒步要挑戰的，不是體力，而是如何克服蝸牛般的速度所帶來的絕望感，你想快，也快不了，我曾在環島時，以急速的步伐連續走了兩個小時，最後到達目的地的時間，比預計只快了十五分鐘而已，加上，你的腳程再快，在長達上千公里以上的路程中，都顯得多麼微不足道，所以徒步旅遊極度考驗一個人的意志力。

　　我的體能只有一般人的水平，但我以意志力完成了一次很多人都不敢挑戰的旅程。一天八小時以上，龜速地，在烈炎下獨行。我唯一的樂趣，就是自己和自己對話，我們的靈魂，就是我們最佳談話對象，但也是我們最常忽略的伙伴。在都市裡，沒有足夠的寧靜，也沒有足夠的時間讓我們可以和自己的心靈對話，來一場自我精神探索，了解自己更多，甚至為自己確立屬於自己的人生定義。

　　徒步旅行，就是探索自我的最佳舞台。除了探索自我，徒步也是最慢

的一種旅遊方式，真正用自己雙腳，去感受這片土地。

　　徒步環台，就是以一個不一樣的速度去看台灣，感受台灣。徒步所能感受到的台灣民情，從質與量來看，都是一般旅遊無法比擬的，如果坐車穿過台灣的兩個城市，那我真正了解的，可能就只是這兩城市，而不是整個區域，而當我走在路上，農田、河川、高山、綠林，台灣的一切，都映入我的眼簾，環島過後，我真的看過了台灣。

結緣太平洋屋脊步道

雖然我的內心因之前的旅程而起了極大轉變，但如果要說未來路向定位的轉變，則是因為前往澳洲打工度假。在一個陌生的國度生活，比起之前到處旅行，有著更多可能性，不論是生活、工作還是旅遊，我都希望賦予一些屬於自己的意義，也是要連結到將來，我所走的路。

來到澳洲雪梨的最初幾個月，除了找工作維持生活費外，閒時也會陪著在當地的好友參與不同組織舉辦的大小活動，甚至為州大選的候選人當競選義工，認識不同的人，學習政治和商界的社交辭令，為的，就是一個小小的工作機會。

香港和澳洲，時下的香港年輕人，可能大部分都會選擇後者，因為澳洲的工資和社會福利的確比香港好得多，但這真的是我想要的嗎？沒錯，在澳洲工作的確比較好，但說到底，不也只是普通的打工仔嗎？賺多了錢，滿足了我的物欲，卻仍然覺得心靈空虛。

短短的三個月後，我放棄了，寧願到偏遠的農場，親手努力為自己的生活打拼，也不想留在讓人煩躁的大都市。

留在雪梨半年，是浪費的嗎？我不覺得，任何事，不親自試過，不會知道是否適合自己，沒有之前錯誤的選擇，哪會找到後來正確的答案，如果一直留在香港，只會繼續羨慕在外地工作和生活的人，更會讓自己迷失，

比起一帆風順地走在正確的道路上，稍為繞繞遠路，才能讓我更珍惜，和肯定那真正屬於自己的方向。

後來在澳洲昆士蘭的農場待了幾個月，幸運地找到一份工資不錯的工作，讓銀行戶口數字慢慢上升，但我又開始不滿足，每天辛苦工作，換來只是數字上的滿足。錢，沒有人會嫌多，但如果有錢沒地方花，又或者不能花得其所，那和廢紙又有何分別？有人說，年輕人打工度假後，可以存到第一桶金，但這一桶金，在香港買房是痴人說夢，創業也略嫌不夠，那還可以拿來做什麼呢？

苦悶的生活，讓我意識到真的需要呼吸一下新鮮空氣，一個人慢慢走到十五公里外的海邊，當漸漸遠離困著我靈魂的農場小鎮，我的心靈，也漸漸飄向廣闊的世界。

雖然已經決定了在打工度假後回港，但是又不太甘心，總是覺得，還未做到一些真正突破自己，甚至超越常人，能夠讓自己佩服的事，所以總想再來一次更大的挑戰，要讓自己的人生，不留遺憾。

其實在完成環島後，我對長途徒步這項活動感到迷茫，也對自己這種愛好感到懷疑，走路，人人也會，怎能稱得上是一種愛好呢？但當我在網絡上，發現原來這個世界上，有一群被稱作「全程徒步者」（意指：Thru-Hiker，泛指以一次完成長途徒步徑的登山者）的瘋子，我才意識到，自己是他們的一群，當自己喜歡的事，被歸類為正式的運動，我的迷茫消失了，也讓我決定繼續嘗試挑戰更長的路線。

機緣巧合下，在社交網絡上看到當年環島時遇到的台灣徒步者，提到ＰＣＴ太平洋屋脊步道（Pacific Crest Trail）是她一生的夢想，勾起了我的興趣，主動搜尋起這條路上的資料，結果，一發不可收拾，馬上決定在澳洲之旅結束後，以這四千多公里路，作為辭職出走後的最後一程，為這兩年多出走的經歷，畫上一個超越完美的句號。

啓程之前

　　全長四千二百八十六公里的ＰＣＴ太平洋屋脊步道，大約是徒步環島時的四倍距離，而且走的是真正杳無人煙的山路，在這路上，你不能奢求別人的幫助，也不能以見步行步的心態出發，所以一定要有充足的準備。

　　在一般情況下，要準備一個上百天的旅程，一點都不容易，更何況是徒步的旅程，而我，登山經驗不比其他人多，因此缺乏很多戶外知識和技術，連如何選購裝備也是一大學問。我不斷在網上找資料，由裝備需要不同物料的特質，到野外露營的技巧，都必須自學。而自小說和電影《那時候，我只剩下勇敢》推出後，全世界吹起一陣ＰＣＴ熱潮，網路上相關文章雖然有不少文章，但資料較分散，閱讀和翻譯需要更多時間、精神去理解，幸運的是，來自中國的九〇後女生張諾婭在二〇一四年挑戰ＰＣＴ，將大量資料整理後，以中文寫成過萬字的計畫書，以說服不太支持旅程的母親，也造福了忙於找資料的我。

　　二〇一五年十二月，我離開了農場的工作，展開在澳洲最後兩個月自駕旅程，其中近一個月，就在塔斯曼尼亞度過，走了幾條需時三至四天的登山路線，我強迫自己花兩天走完，希望可以增加鍛鍊的強度；也試試自己搭帳篷、用氣體爐、看看餐單合不合口味，也看看能不能接受野外生活。

　　回港後，來到下一階段的準備。經過兩年旅程，很清楚自己並不是一個很堅強、永不放棄的人，但也因為這份了解，學會了如何「操控」內心。

如果懶、被動、欠行動力是我的缺點，有責任感就是我的優點，我需要用一些方法，放大我這個優點，甚至蓋過其他缺點。

如之前台灣徒步環島一樣，我決定再次為香港一名單親媽媽截肢者籌款，為她購買新義肢，讓她可以和六歲大的兒子有更多正常社交活動。此舉在幫人的同時，也在幫助自己，因為我會在行程中，感受到別人的支持，為了不辜負他們的期望，遇到困難時只能咬緊牙關走下去，將責任感轉化為勇氣和動力，再把壓力加諸自己背上，如背水一戰，我沒有改掉被動軟弱的性格，卻用其他方法戰勝了它。

這個旅程，不再是只屬於我自己一個人的了，也因為他們，讓旅程添加了更深刻的意義。

前言

致所有認為自己很平凡的各位：

我也是一個平凡人。經過了上千公里的徒步環台，再走上幾千公里的ＰＣＴ，不少人都會有一種錯覺，以為我是一個超人，但仍然認為，自己是一個平凡人，不過，我做了一些非凡事。

沒錯，平凡人也可以做非凡事。

如果拿攀登聖母峰和徒步ＰＣＴ比較，前者是「非凡人突破人類肉體極限」，而後者則是「平凡人突破自我極限」，不是所有人都會期待自己成為萬中選一，但我們這些平凡人，只要能夠不斷進步，做到一些曾經認為不可能的事，突破極限，已經能夠為我們的人生，增添一面勳章。

這本書，不是一本遊記，更不是自我炫耀之書，相反，在整個徒步過程中，看到了自己很多缺點和軟弱，這是一本自我檢視、自我反省的書，也是記載著這四個多月漫長而沉悶的徒步過程中，一個人內心的動搖，卻又克服過去的內心感受和得著。

我的感言，可能不動人，卻是實實在在，用血汗和痛苦，一點一滴累積而成的心靈日誌，希望透過這些內容，讓讀者們可以投射到自身，為你們帶來一點心靈上的衝擊，也希望大家可以在書中，得到踏出第一步，真正面對自己內心勇氣。

每件裝備都是
必需品，完全
不帶多餘之物

ＰＣＴ的最後一夜

睜開雙眼，不是天花板。在我眼裡的，是巨樹，與星空。

神志慢慢變得清醒，但低溫卻讓我的身體不能離開睡袋。

早上四點鐘，這是我這一百三十九天旅程中，最早起床的一次，我也肯定，這是最後一次。

因為這是旅程的最後一天，在ＰＣＴ的最後一天。

雖然很不想起床，但不遠處傳了過來微弱的聲音，隊友起床了，他們頭燈刺眼的光芒，像在叫喚我起床。在前一百三十八天的行程中，我是肯定起不來的，但來到最後一天，我就像期待運動會已久的小朋友，很快就進入清醒狀態，我很容易地坐直了身子，但卻還是不願離開我的睡袋。

其中一名隊友慢慢走遠，我以為他是去方便一下，結果卻撿了很多樹枝回來。

「我想再把營火搭起來。」他說。

「你昨天不是說我們要五點鐘出發的嗎？現在還搭營火？」我心想，但沒出聲阻止他。

不久，火光照在我的臉上。我迅速離開睡袋和睡墊，來不及穿拖鞋，

就赤腳走到營火邊，發呆，放空。

不一會，我身邊多了四個人，我的隊友們都圍上來了。

沉默，一言不發。

因為太早起床還未清醒？可能是吧，但我寧願相信，大家都不敢接受一個事實，而變得沉默。

事實是，我們徒步了四千多公里的山路，由墨西哥出發，穿越了整個美國西部。

事實是，我們今天就要到達加拿大邊境，也就是我們行程的終點。我們變得不能接受，原來我們這個行程，真的有終結的一天。

就是今天。

樹枝燒完了，身體暖了，行裝收拾了，是時候，要開始新一天的徒步，時間是早上五點半。我們一個跟一個地往前走，人與人之間沒有多大距離，因為「夜行」有一定危險性，也因為，來到最後一天，我們好像想珍惜最後一起徒步的時光。

抬頭，看到星河，不遠處，看到野鹿的雙眼反射著我們頭燈的光，再看遠處的山邊，漸漸地，變亮，再變紅，日出了。

沒想到最後一天，可以經歷這麼完整的一日，就像為我們的行程，來一個完美的結束。眼見躲在山後的太陽快要現身，我們隨便找個地方，坐下，五個人，等候。

沙漠、雪山、森林、深溪，過去一百三十八天的時光，被完美地總結了。

距離加拿大國境，只餘下大約二十公里，對於已經走過四千多公里，每天能走四十公里以上的我們來說，太短，實在太短了。

我們一行只有五個人，但我們都知道，我們並不孤單，因為到處都可以聽到有人向山谷的深處大叫，就像期望一秒後才傳回來的回音，可以長留他們的腦海中；又或是一邊徒步，一邊大叫「Canada」，唱著美國和加拿大國歌，對，我們就像大麻上腦一樣興奮，這名為ＰＣＴ的小徑，讓我們都中毒了。

ＰＣＴ像嚴師，百多天以來，不斷用不同的地貌考驗著我們，三十多公里無水區配四十度以上高溫的南加州沙漠，四千米海拔配上及腰深溪的西耶拉雪地高原，連場大雨配冰雹暴雪的華盛頓仙景，一個又一個的難關，克服了，來到終點前，嚴師變得溫柔，因為最後十公里都是平緩的下坡路，輕鬆，更能讓我回味過去的艱辛。

　　遠處看到熟識的面孔向我走近，我睜大了眼睛，忍不住大叫一聲「C-Store」，對方呆了一秒後，認出了頭髮變長了很多的我，「Shifu，是你嗎？」

　　對，我的步道別稱叫Shifu（師傅），他叫C-Store，我們在同一天出發，離開墨西哥的邊境，路上不斷相遇，但大約一個月後就沒有再見到對方，甚至已經完全沒有了對方的消息。

　　「恭喜你來到這裡了，我很高興你還沒有放棄，」他說，「而且還在你行程的最後一天遇到你！」

　　「我也是呀，我在中段完全聽不到有關你的消息，你去哪了，為什麼現在走回頭路？」如果是其他人，他們放棄了我也不會覺得奇怪，但C-Store不是沒毅力的人，為什麼一直沒有再見到他呢？

　　「我在中途去了加拿大參加朋友的婚禮，所以被迫放棄了，現在有時間，我就從加拿大走回去，看看能走多遠就走多遠。」

　　看著他，回想起了我們相遇的那一天，他將所有攜帶的裝備鋪排在草地上，讓經驗人士幫他把沒用的裝備「去蕪存菁」，到現在，已經成長得像身經百戰一樣，回看自己，我和他，不也是有同樣的成長嗎？

　　話說多了，還是要和他告別，我們伸出拳頭，對拳撞了一下，說一句「保重」，繼續向行。

　　看見了，看見了網絡上見過的國境線，森林被一分為二，左邊是美國，右邊是加拿大，我從來沒有想像，我會有親眼見到國境線的一天，而且不是坐車過來，而是用自己雙腳，實實在在的走來這裡。

　　聽到了，聽到了遠處傳來其他徒步者的歡呼聲，我停下來，向隊友示意，要他們先走，我竟然在最後一刻，選擇自己一個人走到終點，而不是

和隊友一起分享那一瞬間，可能，我還是任性地，想獨佔這個屬於自己的時光吧。

　　我接受著歡呼聲，來到ＰＣＴ北端里程碑前，和其他徒步者到達時一樣，伸出手，輕輕觸摸那終點的象徵，心中念了念「達陣」二字，真的結束了，站在這個不知道屬於美國還是加拿大的國境線上，回想起一百三十九天前，我在墨西哥邊境，同樣以觸摸那南端里程碑作始，那一天就如昨天一樣，我不明白，為什麼時間可以過得這麼快？對很多人來說，四千多公里的小徑，就像不可能任務，永遠無法完成，但，我卻用那剎那飛逝的一百三十九天走完了，難道說，我們不是站在同一個時間軸上嗎？

　　如果ＰＣＴ是一個改變時間行進速度的機器，北端的國境線，就是拉我返回現實時間軸的分水嶺，一國之界，是ＰＣＴ的終結，也是我人生中下一階段的開始，這不一樣的時間軸，將會被我放在心中的夾層裡，在心之深處，卻能隨時拿出來，回味一翻。感謝你，ＰＣＴ，是你讓我經歷了一次時光之旅，讓我感受到，這不一樣的世界。

夥伴們在最後一天都變得沉默

生於憂患

經過十多小時的飛行，我終於來到美國洛杉磯。

踏出飛機的這一刻，再一次意識到，距離行程的開始，只剩幾天時間。身處洛杉磯，卻是要到三小時車程外的聖地牙哥，當然可以選擇轉機，既方便又快捷，不過我卻寧願選擇更「貼地」的方法，坐直通車過去。

拿了行李，步出禁區，才發現自己花了近半年時間準備這次ＰＣＴ狂野之行，卻沒有查清楚，怎樣離開機場，不過身經百戰的我，沒有絲毫擔憂。回想起三、四個月前，當我在墨爾本嘗試搭順風車到澳洲中部沙漠時，我也沒有擔心過什麼，「找路」離開機場，正好可以讓我找回流浪的感覺。

主動問路已經成為我旅行中不可缺少的部分，由如何坐巴士回到市區，到走哪個方向能到達汽車站，這種「不知道路卻能到達目的地」的不確定感，真的會讓人上癮，這種不確定感，也讓我每一次行程變得像冒險一樣，非常過癮。

問問路人，問問警察，再走三十分鐘，終於在入夜不久來到汽車總站，由於我買的是明天一大早的車票，所以這裡也是今天過夜的地方，沒錯，來到美國的第一天，睡在車站大樓裡，那冷冰冰的地板上，這不安的環境，彷彿在不斷提醒，我正身處一個充滿憂患的社會，也讓我謹記，接下來的挑戰。

但我很滿足，每當過著這種艱難的流浪生活，想盡辦法去解決身邊的難題，又或者用身體去對抗嚴苛的環境時，我就能充實地感受到自己真正地活著。

　　因為，安逸，可以將一個人殺死。

　　回想幾年前，我也是一個領著微薄薪金的打工仔，雖然和家人共住沒有溫飽問題，但買樓無望，就算有上進心也無處發揮，慢慢地，過著和別人複製一樣的生活的我，不知道生命的意義，只是世界上億萬分之一的我，不知道自己對這個世界有何價值。

　　「人如果沒有夢想，那跟鹹魚有什麼分別。」我有夢想，但如果不去追的話，我也會鹹魚一樣。

　　「一千多公里！？怎麼可能走得完呀？」當我在台灣時，一位路人這樣問我。「理論上，只要你一路走下去，不放棄的話，總是會走得完的。」我答。路人想了想，覺得我說得好像沒錯，但又覺得有點奇怪，沒再問下去就走了。他的不能理解，情況就像一個以買樓成家為目標的一般人，不理解我們這些不惜放棄正常生活和事業，都要努力追夢的人一樣。我們沒有贏在起跑點上，只是我們人生的路線，在不知不覺間，偏離了大家的路線，有一個不一樣，甚至是獨一無二的終點。

　　大部份的人，行程的終點可能就是「買樓」和「發達」，但我們的目的地，卻叫「夢想」；他們選擇以坐車的方式去前往目的地時，我們卻以與眾不同的方法去演繹人生，而我自己，選擇了徒步，不單是追求「終點」，更重視過程的價值，用這些點滴，轉化為我的人生價值。

　　時差配上寒夜，讓這個晚上變得漫長，但我知道，對比即將面對的四千多公里路來說，這一晚不算什麼，而對比我的人生，約五個月的徒步之旅也不算什麼，唯有習慣這種嚴苛，才能在往後的人生，保持著敢於戰勝自己的勇氣，也讓我這條有夢想的鹹魚，真正變成一個敢於追夢的人。

天使

「你不怕有壞人嗎？」這是最多人問我的問題之一。

「壞人再多，也沒有好人多。」我答。他們半信半疑。

我很難讓他們真正相信這句話，一個沒試過真正出走，沒有真正融入這個世界的人，是不會明白這個世界的美好，以及人的善意。

至我出走以來，走過不少被認為是充斥著惡意之地，由廣州搭順風車到西藏的我，有多少朋友曾要我小心自己的內臟，又或是要我小心藏民，好像他們會隨便用刀襲擊漢人，就算之後我到尼泊爾，到台灣，到澳洲，要我小心特定人群或人種的意見不絕。可能，我很好運地避開了所有壞人，但再怎樣說，我遇到的好人，比壞人實在多太多了。

每個國家，都必定有壞人也會有好人，美國亦然，但即使在汽車站中過夜，我還是感到非常安心，而且我在美國第一個真正的居所，是一位熱心幫助徒步者的義工的家。

Scout 和 Frodo 兩夫婦在二〇〇七年成功挑戰ＰＣＴ，之後他們的生活就與ＰＣＴ密不可分。居住在距離ＰＣＴ南端起點鄰近城市聖地牙哥的他們，決定開放自己的家，接待有意從墨西哥出發，挑戰ＰＣＴ的徒步者，由機場接送，到提供食宿，資訊分享，甚至會開車送徒步者到ＰＣＴ的起點，全部都是免費，每年三月至五月期間，他們都會接待近四百名來自世

界各地的徒步者，我就是其中之一，這種無私付出幫助徒步者的人，我們稱他們為「步道天使」（Trail Angel）。

在汽車站外等了不久，一輛車在我旁邊，我看到車身的標誌，就知道這是來接我的車，司機阿姨是 Scout 的鄰居，每年這段時間就會幫忙接載徒步者到 Scout 的家，「只有他們兩夫婦怎麼可能應付這麼多工作，雖然我沒走過ＰＣＴ，但我也想幫你們達成夢想。」

是的，沒有這些幕後有心人幫助的話，要完成ＰＣＴ一定難上加難，就是因為他們的善意，才讓徒步者能夠排除萬難，甚至當我們遇到困境時，心裡也想著這些曾經幫助過我們的天使，不希望讓他們失望而堅持下去，不知不覺間，天使們已經在我們的生命裡留下了最深刻的印記，也在我們的故事中，成為幕後功臣。

這個世界上，就是有種人，願意花自己的時間、金錢和精神，去做一些他們認為值得的事，對他們來說，可能一輩子都沒有機會走完ＰＣＴ，但他們都希望，在我們這些「主角」的故事裡，留有一點位置，看起來沒有什麼實際回報，卻可以讓自己的人生更有意義，而且，這個意義是真正屬於他們的，而不是隨波逐流，窮一生去滿足別人的價值觀。

「當你真心渴望某件事時，全宇宙都會聯合起來幫助你。」突然想到《牧羊少年奇幻之旅》中的名言。因為我真心渴望「旅行」這回事，才讓我有機會遇到這些天使，也因為他們，讓我一次又一次踏上旅途。

因出走而遇見，也因遇見而再次出走。

Scout 和 Frodo 夫婦每天和借宿的徒步者們講解注意事項

準備

距離正式起步還有一天，來到專門幫助徒步者，被稱為「步道天使」Scout 和 Frodo 的家，Scout 介紹了他家的設備，由各種小徑資訊，到包裝工具都一應俱全，可以讓大家在出發前有充足準備，而各位準備出發的徒步者們，也可以認識來自世界各地的戰友們，互相交流彼此的心情和徒步經驗。

出發前最主要準備的，就是食物。除了背負在背上的幾天份量食糧外，還要購買幾星期的食物，再寄到之後幾個沒有大商店的小鎮，方便自己補給。由於我沒有太多露營經驗，事後才發現買太多食物了，而且是多得過分的地步，代表我在未來幾星期要背著更重的背包徒步。

我抱著會被嘲笑的心情，把事情告訴 Scout，結果他只微笑地說了三個字：「You will learn（你會學到的）。」

從決定要走ＰＣＴ後，做了極多資料搜集，務求行程萬無一失，生怕什麼地方出錯，輕則自討苦吃，重則有被迫放棄的風險。但結果，在出發前，就因為買點食物就犯錯了，本來有點怪責自己不夠小心，但聽到 Scout 輕鬆的一句話，自己馬上放鬆下來。

哪有人一開始就能成功？哪有人完全沒經歷過犯錯？一次這麼長途的旅程，那有「萬無一失」可言呢？人總是在犯錯中成長，在錯誤中進步，

沒有人能夠在成功中學到教訓，挑戰ＰＣＴ，重點是如何克服困難，而不是避開所有困難，無驚無險走到終點。我這次買太多了，那下次不就更清楚食糧的份量嗎？

回望過去的成長，絕對不是一帆風順，我從小就是個調皮鬼，讀書考試成績很差，曾經也有「無目標無方向」的階段，包括自己在內，很多人都會認為我無可救藥的了，中學畢業後不想升學，直接出來社會，卻又沒有認真找工作，一整年的時間，都是在短暫的全職和工時很短的兼職中度過，每天回家就是玩電腦和看動漫，是典型的廢青宅男，但總算迷途知返，突然不想再浪費生命，行屍走肉的度日，才重回校園繼續努力。

因為經歷過這些「錯誤」，走過不少歪路，浪費了很多時間，我才能夠成為今天的我，如果可以重來一次，我仍想維持這種成長風格，因為比起一帆風順的高材生，我的人生過得「有趣」多了，也因為這份「有趣」，成就了今時今日與眾不同的我。

話雖如此，但我仍然覺得自己不會勇敢去真正追求「不確定」。在過去兩年多的旅程，總是過於有計畫性，而且太「有始有終」，由廣州到西藏，台灣環繞一圈，就連澳洲工作假期時的行程，都是跟著一個整體計畫和路線前進，雖然偶有更改計畫的時候，但還是向著同一方向走，安全了，卻限制了可能性，也因為常強迫自己按計畫行事，而失去了很多與人邂逅的緣份。看著別人，總是很羨慕他們可以單買一張機票就出發，來一場真正的流浪，他們才是真正的勇敢，而我，仍然未敢面對一些完全未知的領域。

沒有人想遇到困難，更不想面對失敗，偏偏這些都是我們成長的養分，人不可能從成功中得到教訓，既然我已經比大多數人勇敢，選擇了出走這條路，就更應該保持勇氣，學會接受和面對，而不是選擇逃避。

ＰＣＴ是一場遊戲，我們享受遊戲中的樂趣和挑戰，而不應只是單純追求破關的快感，徒步四千多公里，只是一個虛銜，過程中學到什麼，反省過什麼，領悟了什麼，才是最重要的。

前所未見
的地貌

起步

打開七人車的車門，一陣寒風向我襲來。

「不是說沙漠很熱的嗎？冷死我了！」我一邊顫抖，一邊抱怨。抬頭，烏雲密佈。

這一天，是二〇一六年四月三十日，早上約七時。地點，美國靠近墨西哥的邊境小鎮 Campo。

今天從步道天使 Scout 的家出發的九個人中，還包括了兩個台灣人！選擇來ＰＣＴ的亞洲人本來就是少數，香港和台灣人更少之又少，機緣巧合下，我在出發前透過社群網路認識了幾位今年會挑戰ＰＣＴ的台灣人，其中武平和培竹剛好和我同一天出發，所以在 Scout 的家見面後，再一起從美國墨西哥邊境起步。

大家興奮地和南端的紀念碑合照，總是捨不得離開，因為我們知道，這裡，是生命中的分水嶺，離開後，也代表離開了一向習以為常的生活，踏進未知的領域。

我永遠也無法忘記當時的興奮心情，心中的枷鎖真正的放開，不用再牽掛著自己現實中的憂慮，只會期待每一個轉角處，能帶給我意想不到的驚喜。

前進，讓身子變得暖起來，寒風不再讓我顫抖，而是像溫柔地拂我的臉，我開心得嘴角不禁上揚，口中好像隨時都會大叫起來！每當遇到其他徒步者，都能在他們臉上，看到和自己一樣的表情。步伐漸漸加速，武平和培竹再也看不到我的「車尾燈」，我也不以為然，繼續按自己的步伐前進。

　　太陽漸漸升起，氣溫越來越炎熱，興奮的心情已經蕩然無存，只剩下沉重的每一步。由於最初的三十二公里完全沒有水源，要到ＰＣＴ第一個正式營地 Lake Morena 才可以補水，所以我背著六公升的水，近二十公斤的背包，緩慢地前進，希望今天可以到達營地，在舒適一點的地方休息。來到最後七公里，平緩的路段變成一個大上坡，可說是全日最難的地方。

　　克服了最後的上坡後，看到不遠處有建築物，就知道終點已經在眼前。當我離開步道，來到露營區時，在步道出口不遠處的人群看到我後，都紛紛向我歡呼鼓掌，我不明所以地在他們的位置休息，喝著他們給我的啤酒，整個人累得完全動不了，久久未能恢復。

　　每逢四月左右，ＰＣＴ協會都會在 Lake Morena 舉辦起步大會，每年都會吸引大量徒步愛好者前來參加聚會，不過今年活動卻因為場地問題未能舉辦，所以協會的天使們就自發在這幾天舉辦一個非正式的起步大會，在這裡煮東西給徒步者吃，也傳授一些經驗給我們。

　　現場的天使都有多年服務經驗，其中一位更是在《那時候，我只剩下勇敢》電影中，幫助過女主角 Cheryl Strayed，Meadow Ed 在這二十多年間仍然繼續天使的工作，主要提供和整理水源資訊，讓徒步者能夠更準確攜帶適量的食用水上路。他又不斷和大家分享不同年份徒步者的故事，讓我幻想著，未來百多天的徒步生活，有點興奮，有點擔憂，但這種未知引起的心情，讓這行程更加吸引。

　　不遠處有人把背包中的裝備全都放在草地上，我就走過去看看，原來是一位有多年徒步經驗的天使，為徒步者們檢查他們的裝備，看看有沒有什麼多餘的裝備可以丟掉。

　　「這個你打算用來幹什麼？」「你為什麼要帶這個？」天使不斷地問，是希望徒步者自己思考，每項裝備的功用。我在旁聽著，思考自己的裝備是否適合的同時，也思考，什麼是真正所需。長途徒步，非但不要帶「不

需要」的東西，就連「有需要」但「非必要」的裝備也可免則免，減了負重，也壓縮了自己的物欲。

　　我們放棄了現實社會的舒適生活，來到美國西部的荒野，應該借這次機會，反思一個人生於世上的基本所需，並不如大家所想的複雜。在偉大的大自然風光面前，你會發現，原來要讓自己有滿足的生活，關鍵不是如何去「追求」，而是要自己去學會「放下」，當你有無限的欲念時，就算你能得到再多，你也不會滿足；你能放下自己的欲念，即使擁有很少，也會覺得飽滿。

　　「你帶這麼多東西，不如你的步道別稱就叫 C-Store（便利店）吧。」天使對那位徒步者說。這就是我和 C-Store 第一次相遇。

來自世界各地徒步者在同一地點起步

徒步的第一日，大家都非常愛上鏡

第一英里，剩餘二千多英里路要走

我的名字

　　當我身處於這個為徒步者而設的非正式起步大會,除了大吃大喝和檢查裝備外,和別人聊天也是最主要的活動。

　　「你叫什麼名字?」天使問我。

　　「我叫阿寶(Po)。」

　　「真的嗎?你的名字真的叫阿寶嗎?」身旁另一位天使聽到後,有點驚訝。「阿寶不就是⋯⋯。」

　　「是的。」不等她說完,我就明白她想說什麼了。「就是電影《功夫熊貓》(Kung Fu Panda)中那隻熊貓的名字。」

　　「Junior!過來一下!」她叫喚遠方的兒子,「他是我八歲的兒子,在他三歲時我已經常帶他到戶外,常常開玩笑說他會引來熊的襲擊,所以就把他的步道別稱改為 Bear Bait(熊餌)。」

　　Bear Bait 聽到後就跑過來,天使要我再自我介紹一次。

　　「我的名字是阿寶。」他聽到後,雙眼開始瞪大放光,「真的嗎?」

　　「我想你的步道別稱可以改為功夫熊貓吧。」

　　「我才不要呢,我就知道一定會有人建議我改名做功夫熊貓,我想要

一個沒想過的名字。」

「那不如叫師傅（Shifu）吧。」

我呆了一下，我真的沒想過這個名字，Shifu 本來就是中文，也可以代表我華人的身份，而且也很有意思，再加上是由這個八歲小男孩給我的，非常有紀念價值。

「好吧！我就要了這個名字吧！」

當我們出生時，父母親屬便會賦予我們名字，可能有人會覺得自己的名字難聽，討厭自己的名字，但這個名字，代表一個人的存在，也代表了你的人生是屬於這個名字。我也曾經擁有英文別名，但總是覺得，這些可以自行命名隨意更改的英文名，沒有足夠的份量，承載我的人生，所以用不久就轉名，到最後，還是回到真名，更能代表我自己。

步道別稱是美國徒步文化的一大特點，大家會根據不同理由，在步道上為別人改名，當那個人擁有步道別稱後，就不會特別和別人介紹自己的真名，有些在步道上認識已久的朋友們，甚至一直不會知道對方真名。雖然步道別稱可以由自己去改，但多數人會讓別人去改名，這代表了人與人之間的緣份和故事。

「海鮮（Seafood）？」當我和別人自我介紹時，大部分人第一反應都會誤會我的名字。

「是 Shifu，不過如果你覺得 Seafood 比較容易記住，你也可以叫我 Seafood。」每當別人問到我的名字，我就會重覆說一次名字的意義和由來。由別人賦予我步道別稱，就像人生中第二個真正的名字，也將我從現實社會中，抽離到大自然的步道上，我，再不是過往的我，我是ＰＣＴ上的師傅。

「Shifu 的中文意思就是指功夫大師。」

「那你會打功夫嗎？」

「我才不會！」

痛楚

躺在睡墊上，望著仍未天黑的天空，下午五點鐘，我準備要睡覺了。當然，正常的我是沒可能這麼早就睡，不過，今天的我沒辦法不這樣做。

因為我受傷了。

自從起步第二天醒來，我就全身劇痛，更嚴重的是右膝蓋，近乎完全不能動彈，只要有輕微的屈曲，都會痛得讓我大叫起來。我現在才明白，為什麼武平和培竹一開始走得比較慢，因為他們有豐富的登山經驗，知道「慢」的重要性，而我，卻被興奮沖昏頭，沒有給自己的身體時間適應，讓自己受傷。

挑戰ＰＣＴ全程失敗的例子中，在第一個月因傷退出是最常見的原因，如果徒步者在出發前沒有鍛練過，突然就要自己的身體背著十五公斤以上的背包，每天走三十公里以上的路，膝蓋很容易受傷，而且膝蓋是很難恢復的部位，一些年紀較大的徒步者，很有可能要休息一個星期以上，情況才會好轉。

危機感不足的我，在第二天，仍然覺得身體會自動復原，但徒步來到第三天，我不得不選擇放慢腳步，提早休息，不過已經為時已晚，膝蓋痛得我難以走動，偏偏在這個荒蕪之地，不得不繼續走下去，所以我開始服用止痛藥，希望可以撐到下一個在一百二十四公里處的小鎮 Julian，再作休

息。

因為腿不太方便，當找到空地露營時，只要鋪上睡墊，便是我的床，這次是我第一次牛仔式露營（Cowboy Camping），即不搭帳篷直接露營。

躺在睡墊上，身體一動都不敢動，生怕會加重膝蓋傷勢，聽到附近其他徒步者走過的聲音，我開始擔心，膝蓋會不會就此恢復不過來，會不會就這樣結束這次行程⋯⋯

從開始準備這次行程以來，我都很有自信地認為，一定可以完成全程，不知是幸運還是不幸，自出生以來，除了三個月大時做過一次大手術外，從此就與醫院無緣，這也間接讓我從來沒有預計過，自己會因為受傷而要被迫放棄這次行程，原來有些事情，不是勇往直前，就一定能夠達成，先不說其他客觀因素，其實可能就連你的身體，都未必真正準備好。

我要感謝ＰＣＴ是一條「很難退出」的山徑，因為如果當時要退出，也要再往前走兩天才能到達公路，既然退不退出也是要往前走，那退出就絕對不在我選擇之內。只有兩小時功效止痛藥無法減輕我的痛楚，所以我只能改變步行的姿勢，盡量在走路的時候不要移動到右邊膝蓋，一拐一拐地拖著右腳走下去。

不要在你遇到困難，心情低落時決定放棄，因為那個時候你無法做出正確的決定，如果真的要考慮放棄，也要在心情好的時候決定。當人的腦海充斥著負面情緒時，自己就會有很多藉口，讓退出變得合理化，但克服過後，又會覺得這些痛苦只是微不足道，走在這四千公里路上，靠的不是多強壯的身體，也不是一句堅毅不屈，永遠充滿正能量就能支撐五個月，因為所有人都一定會有心情低落的時候，ＰＣＴ讓我們學會如何面對低潮，面對負能量，能夠真實面對自己軟弱一面，操控自己心靈的人，才有可能完成全程。

痛楚纏繞了我兩個星期，即使我在城鎮時花點錢住好一點的旅館，情況也沒有好轉，反而當我到達一百七十七公里的 Warner Springs 時，在免費露營區來一次真正的全休日，才真正感受到膝蓋的痛楚開始有點減退，雖然之後沒有特意休息，每天仍會走二十五至三十公里的路，但膝蓋的情況仍然繼續好轉，可能這就是年輕的本錢吧。

身體就像車子，我的意志就像司機，要完成這條ＰＣＴ賽道，兩者缺一不可，而我需要的，是冷靜地駕駛這輛賽車，而不是一頭熱狂踩油門，讓車子過熱自毀。

受傷後，每天下午四點就會停下來休息

為了令右膝痊癒，特意攔便車到城鎮休息

來到非常齊全的戶外用品店買到止痛藥，才能支撐下去

生命之泉

「下個水點在哪？」這可說是在南加州時聽到最多的一句話。

經過徒步第一天的三十二公里無水區後，我更了解自己的用水量，所以不再像之前一樣，帶了多餘的水，白白增加背包負重，但補水仍然是我們最關心的事，如果不小心走過了水點，而自己又帶不夠水，後果可以非常嚴重。

絕大部分的徒步者，都會使用專為徒步ＰＣＴ而開發的手機應用程式，來查看步道上的水源資訊，部分水源會因高溫而乾涸，所以走在前方的徒步者會不斷更新水源報告，幫助其他後來的人，實時了解水源的情況。

但事情總有例外。

前方不遠處某個營地有個水龍頭，資料上寫著「可靠水源」，而在這營地後有近二十公里的無水區，所以我必須在此補充足夠的食用水再上路。當我快來到營地時，我把身上大部分水都喝掉，除了減輕背包重量，也讓身體吸收多點水分。

來到營地，扭開水龍頭，沒水。

我嘗試用不同的方法去扭那不變的水龍頭，彷彿設有通關口號一樣，需要用特定的方法去扭才會有水，但現實就是，這裡補不到水了。

看著那接近沒有重量水瓶，大約只剩下二百毫升水，要怎樣才可以撐二十公里呢？一般來說，大家會建議每八公里喝一升水，而我出汗比一般人少，喝水量也比較少，所以平均十六公里才喝一升水，但二百毫升，根本就是一口就能喝完的量，靠這點水走二十公里路，還真是沒試過。

當時我並未和台灣隊友一起徒步，所以無法問他們借水，但老實說，在那一刻我沒有太擔心，因為我知道擔心並不能解決問題，而且天無絕人之路，總會有方法補水，就算真的沒有水，走二十公里，辛苦，但不會有生命危險。考慮過最壞的情況，自己也能夠承擔，那就沒什麼需要擔心的了。

其他補水的方法，就是問其他徒步者拿，求他們分一點給我，在這「熱鬧」的南加州，總不會沒有人願意給我一點水吧，雖然可以停下來等其他人的到來，但這不符合我的風格，所以就繼續上路，邊走邊找人。

老天爺可能想和我開玩笑，平常在步道上，不用多久就會遇到其他徒步者，但偏偏今次卻一個都遇不到，我猜這是因為大家都用差不多的速度，向著同一方向行走，才會一直都遇不到。如果我停下來，說不定很快就會遇到別人，但我不甘心，比起「坐以待斃」地等別人來救我，我更喜歡自己主動去找人解決難題。

太陽高掛，抬頭望向天空，總是希望那一片雲朵，能夠飄到太陽下方，為我擋一下陽光，但事實是一點風都沒有。我一步一步向前走，盡量不去想水的問題，又嘗試將注意力遠離乾涸的嘴唇和喉嚨，用意志力，去告訴身體，我還不需要喝水，我還能撐下去。

不久，來到一條公路口，看到一輛汽車停在路邊，我抱著一絲希望走過去，果然司機就在車裡！我鼓起勇氣敲一下車窗，向司機說明情況，問他有沒有水可以給我一點。

「不好意思，車上沒有水。」司機大哥說，「不過我可以載你去有水的地方。」

實在是太好運了，對他來說，開車十分鐘的路程，我走路卻要走二個小時，所以要找到有水的地方非常容易。補完水後，他又開車載我回到原來的地方，讓我可以繼續走下去。

又有一次，來到一個水點，有水，但水質實在太恐怖。

一個裝滿了水的大水桶，不過上面佈滿青苔，細心一看，甚至蜘蛛網和昆蟲的屍體也浮在水面，水桶旁有一個橫向的水龍頭，但一半已沉在水中，打開水龍頭開關，盡量用容器去接剛從水龍頭出來的活水，不讓那些可怕的飄浮物流進我的容器，可是，一次又一次失敗，一次又一次把水倒回水桶中，終於，我放棄了。

看著那發黃的水瓶，瓶中的漂浮物清晰可見，我很不情願地先用過濾器過濾一次，黃色變淡了，但還是讓我心裡發毛，放了淨水丸消毒後，才敢嘗嘗這可怕的水。不知是否心理作用，水有點怪味，還讓我作嘔，但這已經能夠讓我繼續走下去。

《那時候，我只剩下勇敢》裡的女主角也遇過類似情況，當時的我，想像著也會有這一幕出現，很熱血，很興奮，當我來到這裡，面對同一個情況，才知道，現實一點也不美好，如果身體和精神，無法接受和適應這個現實，我就會被大自然淘汰，而在一次又一次的困境後，我能夠更容易去冷靜自己的頭腦，分析解決問題的方法，惡劣的環境，也讓自己的接受能力越來越高，如果將這將心態帶回現實社會，相信有助於適應未知的環境吧。

人工藏水點減少了徒步無水區時的難度

沙漠與風暴

　　南加州氣候乾旱，早就在高中地理課時有所讀到，只是沒想過，有生之年真的會來到這裡，而且還要在烈日下走上千里。不少人為了避開中午的高溫，都會選擇早上五點多就起床出發，在中午時午睡兩小時再繼續走，但對我來說，可能因為已經習慣了香港的潮濕天氣，反而可以接受乾爽但更高溫的南加州。

　　相比起澳洲中部的紅土沙漠，這裡就是「黃土沙漠」，隨處可以看到仙人掌的蹤影，雖然不像戈壁和埃及那種沙漠，但部分小徑的路面都是鬆軟的黃土，走起來更加吃力，也因為風沙的關係，雙腳很快就會變得越來越黑，但在水源缺乏下，睡覺前都不能洗腳，在全身髒兮兮的情況下，爬進自己的睡袋。

　　「可以幫我看一下我的手錶，現在是幾度嗎？」一個在陰影下休息的徒步者對我說，他把手錶放在陽光下，測一下溫度，當時是下午一點。

　　拿起像滾燙石頭的手錶，看著陌生的華氏一百一十一度，換算一下，即是攝氏四十四度，已經不是可以徒步的溫度了，但我經歷過夏季台灣環島和澳洲昆士蘭農場工作的洗禮，再熱的天氣，還是能夠忍受，也可能因為有點自虐吧，我就是不想停下來，享受著這種在非常辛苦的情況下，仍然一步一步向前走的感覺，在對抗大自然的嚴苛時，彷彿在感受，自己正在生存的實感。

沙漠除了熱，溫度也下跌得非常快，晚上十多度的低溫不算什麼，在海拔高一點的山頭，只剩下幾度也是常事，我享受高溫下的自虐，卻受不了低溫的煎熬。就算把全部衣服穿上，全身還是冷得發抖，經過累人的一天，我很快就能進入夢鄉，但半夜又會冷到難以入睡，早上更難以起床，真的超級辛苦。

雖然說ＰＣＴ降雨機會很低，但如果你不好運遇到下雨天，將會讓你痛不欲生。戴著沒有防水的手套的我，雙手冷到僵硬得連登山杖也拿不穩，強風吹得連呼吸都有點困難，只能低著頭，看著腳邊，不斷往前衝，雖然腦海中不斷出現停下來休息的想法，但我知道，在這個地方避雨，並不會讓我變得好過，終點不可能自動向我靠近，反而走快一點，身體更暖和，早一點到達城鎮，來個熱水澡才是正路。

連續走了三十二公里沒有樹蔭的沙漠地帶，我心想「如果現在看到『步道魔法』（Trail Magic）（意指任何在步道上可以不勞而獲的事，例如有天使在步道上放置食物和飲料，又或者順風車等服務）就好了。」結果當路過一個小鎮時，在一家房子外牆發現了一張小紙條，寫著今天有熱狗吃！我鼓起勇氣按下門鈴，屋主知道是徒步者後，馬上招待熱狗和大量冰水，經過高溫和寒流的摧殘，才讓「吃飽」這種平常事，變得彌足珍貴。

徒步者需要在炎熱的天氣下步行

駕馭自我

走在ＰＣＴ上，很多人誤以為我是登山高手，但其實我只有三年登山經驗，體能比我好的人，大有人在。

成功走完ＰＣＴ，體能並不是最重要的因素，意志力才是最關鍵，如果硬要分比例的話，我認為七分意志、三分體能。眾多挑戰ＰＣＴ的徒步者當中，有不少體力比我好的人，卻走不完全程，也有不少體力比較弱的，能夠走到加拿大。大家可以在ＰＣＴ上隨處遇到五十歲以上的中老年人，甚至十多歲的小朋友也不在少數，在我的徒步年，最年輕的徒步者只是九歲，而歷史上最年輕的完成者更只有六歲。

體能，真的不是重點。

我也明白，不是所有人都很堅強，包括我在內，也不是無所畏懼，但我比起很多人，我非常了解自己，知道如何讓自己勇往直前的方法。

「我覺得你真的非常勇敢！」還記得我的第一次長途旅行，坐順風車來到雲南大理，和一些幫助我的阿姨聊天，「你應該是那種行動力很強的人吧？」

「才不是呢，我這個人超被動，又懶，對自己又沒什麼要求，常常得過且過，遇到困難也常常逃避呢。」

「看不出來呢！那你為什麼能這樣走出走？」

「正因為我知道自己的缺點，更應該找方法去面對，改善這些缺點呀，一般方法不起作用，就利用自己喜歡的事，去改變自己。」我說，「如果連做喜歡的事都不能讓自己主動起來，那證明這些事在你心目中也不是這麼重要吧。」

不過ＰＣＴ有點不同，單純「興趣」二字，可能並不足夠讓人完成全程。

為什麼要來走ＰＣＴ？日曬雨淋、餐風露宿，一點也不好玩，為什麼你還要來徒步？就因為「興趣」二字？老實說，如果我只是對ＰＣＴ「感興趣」，我相信我不會真的出發來實現這個「興趣」。

如果只是因為興趣就決定出發，那就很可能沒有足夠的決心去突破自己，因為在你的潛意識裡，知道「走不完也沒什麼大不了」，當你面對困難時，腦中就出現魔鬼，替你想無限個退出的理由，也會質疑自己，「我究竟是來幹什麼？」、「我為什麼要來這裡自找苦吃？」沒有明確的目標，而又沒有堅強的意志，那就很容易接受魔鬼的引誘而退出。

在出發挑戰ＰＣＴ前，我問自己，動機是什麼？是一種興趣？一種旅行方式？還是自我挑戰？對我而言，徒步ＰＣＴ是我「人生中必定要做的一件事」，而且是「非成功不可」。

在我回到香港後，不少記者會問我一個最常見的問題：「在行程中，有沒有想過放棄？」雖然我知道如果我答「有想過放棄，不過因為堅毅的意志而戰勝自己」，可以更貼合記者和讀者的口味，但很抱歉，我的答案是「沒有」，我在行程中絕大部時間，都沒有想過放棄，除了因為我意志堅定，還因為我有明確的目標。

「生命無 Take Two」，ＰＣＴ也是，我知道如果失敗了，也許我永遠也不會再來挑戰第二次。甚至我知道，如果這次因為軟弱而放棄，「失敗者」將會永遠是我的標籤，日後遇到什麼困難，都會習慣放棄，我也不會再有勇氣去面對人生中的困難，那時我就真的是放棄自己的人生了，相反，我戰勝了的話，日後遇到什麼困難時，我會對自己說：「ＰＣＴ我都走過，這點困難算什麼！」將會有無限的勇氣去接受新的挑戰。

孤身一人的你，
擁有了無限的
可能性

眾遊的寂寞

　　回想剛畢業時，一行十多人一起到泰國旅遊，原本只是一個非常簡單的五天四夜旅遊團，我卻發現，自己和其他人格格不入，他們玩的是高價自費活動，忙著到超市買零食帶回港，或者到百貨公司買衣服。我很痛苦，變得離群，明明在同一個旅遊團，大家慢慢變得如陌路人，但我卻輕鬆自在，因為可以安排自己的行程，看自己感興趣的景色。我寧願走進一個不知名的市集，對自己能夠融入當地而感到滿足，又或者待在四面佛寺外的行人天橋，為我發現路過的泰國人都會朝四面佛雙手合十這種小細節，而感到興奮。

　　那時候，比我二〇一三年第一次到台灣獨自背包旅行，還要早一年多，原來我的背包天份，早已在泰國之旅萌芽，又或者，早在我出走之前，本來就是一個愛離群的人。

　　學生時代的我，很在意別人對我的看法，希望別人對自己有好印象，也想結交很多朋友，但事與願違，當我越在意，別人卻越來越遠離我，在多次的受傷後，更習慣了獨自行動，明白到沒有期望就沒有失望，習慣了孤獨，就不會被「朋友」所傷害。

　　由習慣一個人行動，到台灣之旅後，真正愛上了單獨出走的感覺，可以隨心所欲地按自己的想法旅行，不用勉強配合他人，也不用擔心和旅伴鬧翻。記得我問過在高雄青旅認識的 Dan，「你常常一個人旅遊，不會感

到寂寞嗎？」他說，常常和朋友一起，才是真正的寂寞，當時的我完全不理解這個想法，但當我背包旅行多了，才發現自己也有這種感覺。

當你有同伴一起出行時，即使只有兩個人，其實已經足夠形成一個小圈子，當你和同伴說著當地人不懂的語言時，他們就會和你營造一種距離感，就算他們對你這生面孔感到興趣，但也不一定敢於主動打破這段距離。

此外，有同伴在身邊，會讓你的心靈多多少少依賴著對方，當遇到什麼困難，第一時間都會先和同伴商量，相反，沒有同伴和你商量一些難題，那你周邊所有人都有可能作為你的商量對象，這樣會大大增加主動接觸本地人的機會。

獨行，雖然沒有了旅伴在身邊的扶持，但孤身一人的你，卻擁有了無限的可能性。

因為這種無限的可能性，我愛上了獨行，也在路上，受盡別人的幫助，最讓人感動的，是他們對我的信任。一個素未謀面的人，住進他們的家裡，絲毫不擔心安全問題，甚至曾遇到有人把家中的門匙也給了我，方便我自行出外和回家。獨行後，我才發現，這個世界原來充滿著善意，這是平日在爾虞我詐的社會中感受不到的。

是的，一個人旅行是會感到寂寞，但也因為如此，我們會更主動搭訕，強迫自己認識身邊的人，四海之內皆兄弟，所有人都可能是你的旅伴，怎可能還會寂寞呢？如果過於著重「團體」，反而限制了你的社交範圍，唯有放開自己的心靈，才能接受更多人和事。

ＰＣＴ也一樣，一個人出發，並不代表我永遠單獨一人，就在這杳無人煙的路上，我會遇到全世界最熱情的一群同伴，大家懷著同一個目標，向加拿大前進，步伐一致時一起行動，行程不一時說聲再見，然後再為沒有預料的重逢而感到興奮，這也是這個旅途的樂趣之一吧！

一個人出發，
並不代表永遠
單獨一人

改道

　　這條太平洋屋脊步道全長接近四千三百公里，實際上能夠完全走遍整條步道的人，可說少之有少，不是因為大家中途放棄，還是作弊抄捷徑，而是步道每年必會因為附近發生山火而關閉某些路段，官方再提供改道路線，如果山火規模較大，火災更嚴重，改道有可能長達幾年，所以徒步者就要被迫放棄這一段路，改走不一樣的路線。

　　記得當我在台灣徒步環島的時候，硬性規定自己必須完整地環繞台灣一圈，有一次在接受朋友接待後，他送我到最接近的火車站，讓我「損失」了近六十公里路，當時的我，無法接受自己「偷懶」，寧願坐火車回頭，到之前徒步的結束點，重新開始。

　　完成完整的一圈，聽起來很有原則，但也因為這種沒有實際意義的虛榮感，讓我失去了很多接觸不同人和事的機會。當我強迫自己走在原定路線的時候，拒絕了其他人的邀請，避免「節外生枝」；為了趕路，放棄了親身參加台灣原住民豐年祭的機會，這已經與我想「認識台灣」的初衷背道而馳。

　　完成了規定的行程和路線，但也親手破壞了這個旅程。

　　這次來到美國，我能夠接受這種無法完走的「缺失」，因為這就是現實，當我不再為里程而煩惱，受數字的束縛後，才真正變得隨心，也得到

了更多不一樣的體驗。

　　第一次來到因幾年前火災而改道的路段，我們需要在一個小鎮坐巴士，到改道後的步道口再重新起步，這個小鎮本來並不是徒步者的補給點，卻因為山火改道而變得熱鬧起來，當地居民對我們這些不速之客感到陌生，紛紛向我們詢問步道上的一點一滴，甚至那輛平時沒多少人乘搭的巴士，一下子被幾十個徒步者擠滿，這一切，也是專屬於我們的故事，其他年份的徒步者所無法複製的，這些獨一無二的經歷，比是否完整走完全程來得更重要。

　　但要小心的是，不要讓「隨心」變成你放棄的藉口，漂亮的說話大家都懂得說，騙到別人容易，更易騙到自己，另一次行程的改道，是為了走得更遠？還是被腦中名為「軟弱」的惡魔所引誘？這一點，只有當事人才能找到答案。

　　別人的目光不重要，你走的路是正是歪，只在於自己如何去看待，人生路上太多分歧，我們常常要被迫選擇，每一次作出選擇，也代表作出一次捨棄，究竟哪一條是「正道」，哪一條是「歪道」，我也不知道，但如果能夠真誠地面對自己所選擇的道路，那一條必定是「正道」。

整輛巴士被徒步者佔據了

恩典

　　來到ＰＣＴ第二百八十八公里 Idyllwild，這裡是行程第一個較具規模的小鎮，我和隊友決定來一個「全休日」，除了讓身體得以休息外，也讓我們的精神放鬆一下，用遊客的身份和心態，去看一下這個非常有特色的小鎮。

　　為了省錢，我們沒有住進酒店，而是找官方營地，三美元就能在裡面搭帳篷，再付兩美元，就能有十分鐘的洗澡時間，再花一點點錢洗衣服，找一家餐廳吃個飯，對於長期居於野外的我們來說，足矣。

　　Idyllwild 本來只是ＰＣＴ附近的補給點，徒步者可以選擇坐順風車前往，也可以跳過這裡，繼續向前走，但因為近年沿路發生山火，徒步者必須先到 Idyllwild，再繞另一條支線小徑才能回到ＰＣＴ繼續前進，讓Idyllwild 在四、五月時多了一個旺季時期，鎮上到處可以看到「歡迎ＰＣＴ徒步者」的標語，商店都會針對ＰＣＴ徒步者推出優惠，因為徒步者的確為他們帶來了生意。

　　不過，對居民來說，我們不是財大氣粗的旅客，而是一個又一個勇敢的挑戰者，所以他們對徒步者都非常友善。在超市補給時，我們會被居民認出來（因為流浪漢般的服裝很容易辨認），主動詢問徒步情況，甚至邀請我們參加他們的私人派對；來到戶外用品店，店員不會胡亂推薦不適合ＰＣＴ的裝備，而是樂於分享自身長途徒步的經驗；走在街上，有車會主

動停下，問我們要到哪裡，可以載我們一程⋯⋯

可能，他們一輩子都沒機會親自徒步ＰＣＴ一次，但他們都樂意成為我們行程的一部分，我不可能記得每一個人的名字，但他們確確實實存在於我們的行程中，不單是ＰＣＴ的一部分，更是美國之旅的一部分。「美國鄉郊很多人都有槍，治安很差，你要小心點。」朋友對我說，而我卻在這裡，感受到美國人的無限善意。

雖然我已經在過去的旅程中，不斷遇到一個又一個的好心人，但不會因為這樣，而認為別人的幫助是理所當然，世上沒有任何事是必然的，包括一些正在擁有的東西，可能有一天會突然離你而去，所以我們必須珍惜自己所有，同時要習慣不曾擁有過任何東西的自己。習慣了一無所有，以後得到的一切，都會變成額外的獎勵。

ＰＣＴ能夠成為我們生命中的里程，記載著我們放棄一切自己所擁有而只保留最基本所需的一段生活，在往後的日子裡，我們所擁有的一切，都是上天賜予的恩典。

三人行

獨遊太久，也會出現後遺症，就是不會和別人相處。

我天生不是當領袖的料，因為很怕麻煩到別人，也怕指揮別人做事時會被人討厭，影響人際關係，所以我在一個團隊裡，更樂於聽別人指示辦事，不想站在敏感的立場之下，久而久之，我也誤以為自己樂於遷就別人，是獨遊，讓我明白，看別人臉色，總是以別人為先的做事方法真的很累。

獨遊了這麼一段長時間，逍遙快活久了，還是要面對現實。現實就是，不可能永遠都一個人過活，你在社會中，總是要學會如何與別人溝通、合作和相處，逃避只會讓你原地踏步。

對我來說，ＰＣＴ不單是我這次出走的最後一站，也是借大自然作為導師的一次課程，學習面對，學習克服。旅行，不單是為了遠離繁瑣俗事，也是再次回歸社會的過渡，回家後的你，必定比以往成長得更強大。

很幸運，有兩個好隊友一起走，培竹和武平在台灣都是從事戶外教育工作，武平更獨自完登台灣百岳，有多年登山和戶外活動經驗，兩位師兄都非常照顧我。我在第一天就走太快把他們拋在後面，後來因為受傷而減速，再次和他們一起組隊前進。

有一次我們每人背六公升的水上坡，不擅上坡的我走得太慢，非常辛苦，武平一言不發就打開我的背囊，把一個兩升水袋放到自己背囊中，即

是他背八升，我背四升，他的背囊可能已經接近二十五公斤了，但還是比我走得更快，難怪他在台灣被稱為「山上的高鐵」。

而培竹負責計畫每天行程，以及水點的資訊，他可靠的英語能力，讓我們這個團隊不會錯過任何資訊。我開玩笑說，培竹就像登山嚮導，武平就像揹夫，而我，就像花錢請他們來帶我登山的大爺，但當然，我沒有付他們一分錢，所以我真的很感謝他們。

「阿寶，你知不知道怎樣挖貓洞？」有一次，武平突然問我這個問題。我心想，不就是挖開泥土，拉進去，把泥土蓋回去嗎？結果武平和我上了一堂挖貓洞的課程，才知道原來挖貓洞博大精深，要做很多細節，才能減低對大自然的破壞。

武平本來就從事戶外教育工作，對教育很有自己的一套心得，而且他教的不單只是戶外知識或露營技巧，而是從我們的經歷，引申到人生的道理，他不會直接把想法告訴你，而是要你自己思考，找到屬於自己的答案，對我而言，武平就像我在ＰＣＴ上的導師。

「你怎樣對待大自然，大自然就會怎樣對待你。」武平說，這句話所隱含的，可以是單從字面意思去理解，也可以延伸到待人接物的道理，獨行當然很自由，但卻無法以旁觀者的角度去審視自己，和他們相處，讓我有很多思考空間，對一些從來未接觸過的新事物，慢慢用心去理解和感受。

每天一同生活，由陌路人變成親密戰友

怎樣對待大自然，大自然就會怎樣對待你

放棄的理由

「請問你們是ＰＣＴ的徒步者嗎？」

我和武平與培竹在小鎮上一家餐廳裡吃飯，突然被另一位華人面孔的人，用中文向我們搭訕。雖然我們已經一段時間沒見過華人了，但沒有感到太驚奇，因為華人無處不在。

「對呀，你是住在附近的人嗎？」我問。

「不是呀，我也正在走ＰＣＴ。」他說，「我和同伴一同起步，不過他因為膝蓋受傷了，醫生不讓他繼續走下去，所以我只剩下一個人了。」言下之意，當然就是想加入我們這個團隊吧。

我們歡迎任何人加入，更何況是華人，說同一種語言總是比較有親切感，不過也會擔心，如果大家配合不了，可能會讓大家相處得不愉快，所以還是要先互相了解一下。

在美國讀到博士學位的陳賽，工作後有點苦悶，所以辭去職務，和朋友出來挑戰ＰＣＴ，沒有登山經驗，沒有運動習慣，卻來了ＰＣＴ。陳賽在大約一百多公里時，身體不適，加上同伴受傷，所以坐車跳過一段路，來到這個小鎮，這就是說，他的身體仍未習慣長途徒步。當然，說不定他有驚人意志力，可以克服過程中的困難，但我們還是要他做好心理準備，跟著我們並不容易。

當時我們身處四百二十六公里的 Big Bear City 小鎮，經過兩星期的徒步，我們都已經完成熱身，我的膝蓋也好轉不少，所以正打算開始加快步伐，每天走三十公里以上，所以就和陳賽表明，我們不會為了他而減慢速度，他也答應會盡量跟上。

　　由於要從小鎮坐順風車回到步道，所以那一天只走了幾公里就停下來搭帳篷，準備明天的挑戰。看著他的裝備，就像電影裡的情節一樣，雖然沒有女主角 Cheryl 那麼誇張，但的確有很多不太適合的裝備。

　　「因為我不太懂登山裝備，所以我就要店員推薦，看起來不錯就買了。」這一刻，我越來越擔心他的情況了。

　　隔天早上，正式起行，他默默地跟在我們後面，速度沒有落下太多，雖然有時會問「什麼時候能夠休息」，但整體來說，表現比想像中好。來到這天最後的幾公里，他開始落後，我們告訴了他今天的露營位置，要他按自己能力慢慢走，約在露營區見面。

　　然後，就沒有然後了。

　　幾天後，遇到另一個徒步者，問我們是不是認識陳賽，原來陳賽託人向我們傳口信，那天之後他腳下的水泡更加嚴重，所以就走回頭路，到道路時坐車回到鄰近小鎮，正式放棄ＰＣＴ。

　　其實我早已預計到他跟不上了，甚至是我們的速度加深了他的傷勢，害他提早退出，不過，這未嘗不是一件好事。

　　自《那時候，我只剩下勇敢》面世以來，每年挑戰ＰＣＴ的徒步者大幅增加，同時也有人批評，小說和電影讓不少人以為長途徒步是一件容易的事，準備不足、錯估能力的人不在少數，每個人也幻想，自己是另一個 Cheryl，只要堅持一點就能撐過去。

　　我們要學習 Cheryl 的勇氣，而不是她的無知。Cheryl 背著超過她能承受的背包，使用買錯的裝備，也能走了近一千八百公里，就是因為她有過人的意志力，但大家要理解，她的意志力是源自她那不堪的過去，想重回人生正軌的意志和勇氣，推動她繼續走下去。

　　仿效成功的前人沒有錯，但要謹記，你不是他，不要幻想自己會成為

另一部電影的主角，我不清楚陳賽得到了怎樣的答案，但最起碼他比之前更了解自己。失敗並不可怕，我也常常失敗，甚至很多事情都半途而廢，但更重要是認清自我，認清現實，了解自己的真實能力，過份低估會限制你的能力，過份高估又會讓你無謀地挑戰，嚴重的可能會讓自己遇到危險，得不償失。

路上不存在美好的幻想，只有艱苦的試煉，意志不堅就會被淘汰

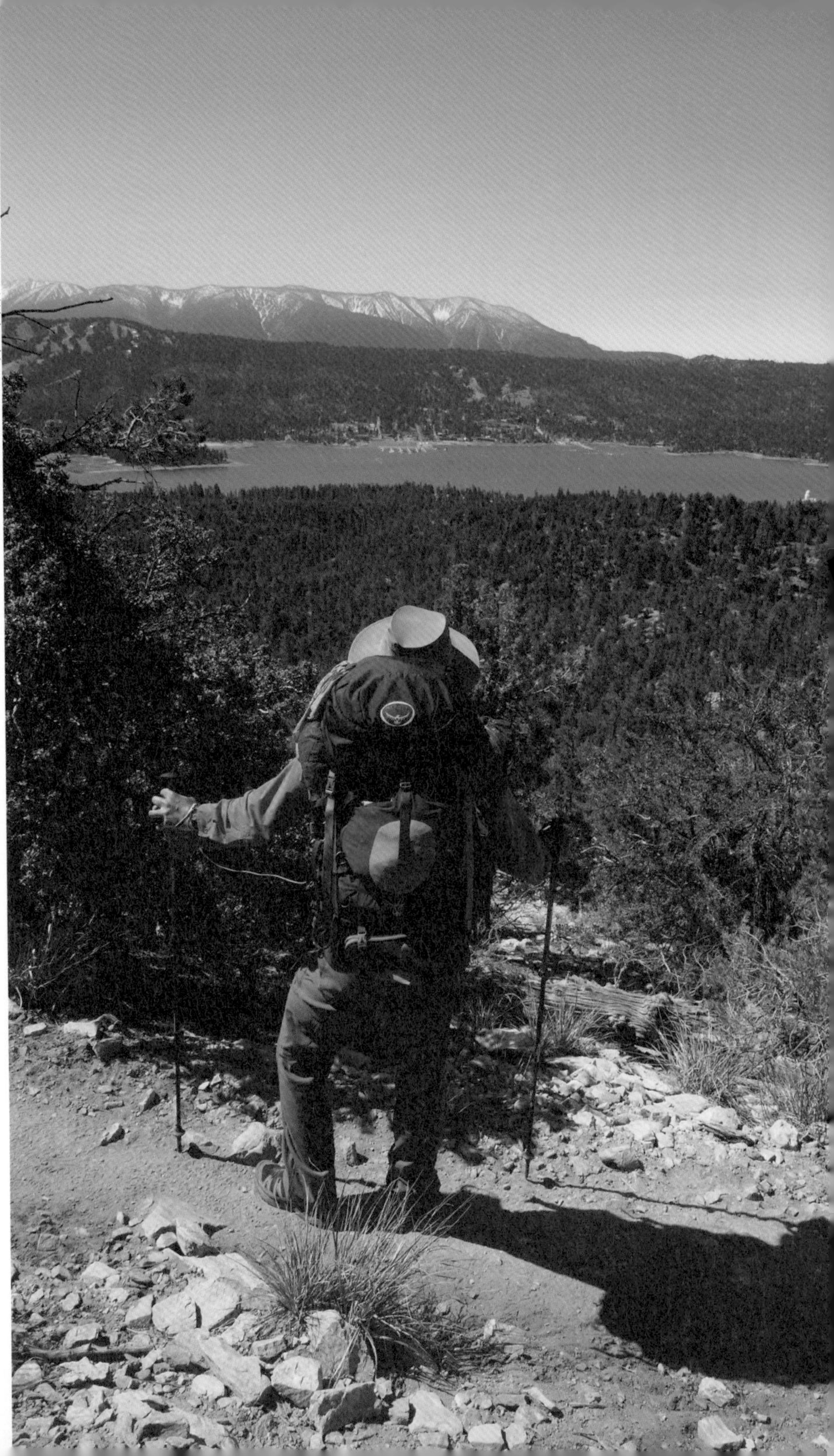

即便面對美景，陳賽最終也無力堅持下去

衝擊

PCT沿路有不少旅遊景點，部分景點更是車輛也駛不進去的區域，今日來到一個天然溫泉，我和培竹、武平三人當然不會錯過，決定在這裡過一晚。來到溫泉區域時，已經看到不少徒步者在這裡休息，還有一些明顯不是徒步者的人在附近，查看資料，原來這個溫泉是嬉皮士（Hippie）的聚集地，雖然不少徒步者給別人的印象也是很「嬉皮」，但原來，我們還是感受到來自他們的文化衝擊。

為什麼這樣說？因為有部份嬉皮士，全裸在我們面前走來走去！

對嬉皮士有點認識的人都知道，崇尚自由主義，推崇回歸大自然的他們，認為衣服也是一種束縛，裸體對他們來說是很正常不過之事，加上他們不會介意世俗的目光，所以也不介意被人用有色眼鏡看待。

「Shifu，要不要過來一起泡溫泉？」面對相熟徒步者的邀請，我當然不會拒絕，而培竹、武平則決定再休息一會，所以我獨自過去。

當我走到溫泉時，看到他們已經把身上的衣服脫過精光，如果我穿著衣服泡的話，反而顯得格格不入，「都已經來到美國了，當然什麼都要試一下，有什麼好害羞的！」所以把心一橫，脫光後和他們一起裸泡。

「這是我第一次全裸泡溫泉。」我說。

「覺得怎樣？」

「肉體的感覺和泡熱水澡沒太大分別，但精神上，有點奇怪，」我想了想，「我們一群人，本來互不相識，卻一起裸裎相對，這種既陌生又坦誠的狀態，讓我們消除了心靈上的隔閡。」當我們連自己最隱私的一面，都願意展示在別人的眼前，就像是一種無比信任的關係，即使沒有千言萬語，但感覺我們的距離非常接近。

在這時，已經沒有區分嬉皮士還是徒步者，身分不再重要，不分男女，不分肥瘦，不分黑白，不分年齡，原來我們一直以來都用了不同的界線，去區分他人，同時區分了自己，用框架去侷限自己成為渺小的個體，為了這些無謂的框架，什麼面子問題，也是自尋煩惱。

我的身分除了是徒步者，同時也是一位背包旅人，徒步，只是一種形式，實際上和以往的旅程沒有區別，更重要的是，有沒有真正張開自己的雙眼，打開自己的心扉，去接受，去體會一切的文化衝擊，才能讓旅程變得豐富而有意義。

當我放棄了在香港的舒適生活，以不同方式在世界遊歷，可能只是為了眾多的「第一次」，第一次坐順風車、第一次長途徒步、第一次住在陌生人的家、第一次野外露宿……這一切，都不是我在香港可以感受到的，又或者，是我們沒有勇氣去嘗試。沒錯，當身處於熟識的環境中，就會不自覺地限制了自己的格局，要突破自己，其實只欠一個理由，我選擇了出走，強迫成長，強迫自己體驗那不一樣的自己。

當我在一條獨木橋面前，看著下方湍急流動的溪水，我強迫自己，一步一步的走過去；當我被蜜蜂包圍，怎樣也避不掉時，我強迫自己，學會和蜜蜂冷靜地和平相處，雖然被螫了一下，但總算是第一次感受被螫的痛楚；在帳篷裡休息時，看到一隻大螞蟻在營中爬不出去，我強迫自己，把螞蟻當成可愛的小動物，引誘牠爬到我手指上，再慢慢放回大自然，這些都是我在大都市無法體會，也不需要體會的。

每個人都有無限的可能性，去嘗試不一樣的「第一次」，而每一個「第一次」，也需要有勇氣，踏出那未知的第一步，就是ＰＣＴ，給了我一個藉口，去突破自己為自己所設下的框架。

一步

　　ＰＣＴ很長，但坡道不大，斜度平均大約只有二十度，階梯也不多，當看到一個山頭，知道要走上去，步道卻總是在山邊繞來繞去，而不像一般登山直上山頂，平緩，但有時真的長得令人惱火。

　　ＰＣＴ地勢平緩，走起來卻也很辛苦，一個大上坡，從最低點走到最高點，要走個兩、三小時，一天徒步十多小時，就有兩、三個大上坡要克服。酸痛總是纏繞著我的肩、腰、腿，但我不會停下來休息，因為我知道，路一直都在，現在停下來休息，但總是要把這條路走完，休息的確是必須的，但我也知道，這不是我的極限，我還有不少餘力，精神上的痛苦，只是心靈上軟弱，比起身體上的休息，更需要學會如何對抗心魔，突破那個習慣逃避的自己。

　　十分鐘、一小時、兩小時⋯⋯究竟什麼時候才能到頂呢？我不知道。「再走十步才可以停下來，一步、兩步、三步⋯⋯十步，我還撐得下去，再走十步才停吧⋯⋯」我將目標縮小到，只是想著踏出下一步，不要讓腳停下來，達成一個又一個的「十步」，終於來到這個上坡路的頂點，一改上坡時沉重的腳步，輕快地向下衝，不久，再次來到下一個大上坡的起點⋯⋯這種感覺，每天都在發生。

　　路一直都在，有時候，你會面對二選一的選項，要不放棄，要不咬實牙關繼續前進。沒錯，放棄也是一個選擇，不過當你面臨放棄時，試想，

放棄，是不是真的能夠讓你活得更輕鬆，我明白，放棄繼續前進，往後的一生，都會背負著失敗者的惡名，就算我有任何想追求的事，心裡都不再有勇氣去挑戰，所以在ＰＣＴ這行程裡，放棄絕不是選項之一，前進，成為唯一的選擇，所以即使路再難走，我還是能堅持下去。

受傷的膝蓋令我放慢腳步，痛感令我集中精神走好每一步

身在無邊的大
自然裡，卻是
一個探索自我
內心的好機會

步道上的天堂

　　由起步時住在 Scout 和 Frodo 的家，到沿路遇到的天使們，願意幫助徒步者的人多不勝數，但不得不提的，還有在步道第七百多公里處的「徒步者天堂」（Hiker Haven）和「月亮之家」（Casa De Luna）。徒步者天堂是位於南加州小鎮 Agua Dulce 的一戶人家，當我們來到小鎮的大街，距離徒步者天堂還有約二公里，突然看到ＰＣＴ官方指示牌寫著「加拿大 2196 英里，墨西哥 454 英里，徒步者天堂 1.1 英里」，連官方也標示此處，證明這裡有多麼重要。

　　往前走了一會，一大群徒步者坐在大街上，詢問了才知道徒步者天堂每三十分鐘有車可以送徒步者到大街，同時載人回去。來到徒步者天堂，一進去就有義工接待，介紹這裡的設施，就如名稱一樣，這裡是少數有提供浴室給徒步者洗澡的地方，加上網路、電腦、郵寄服務、電視、廚房等，設備一應俱全，而範圍極大的後園，可以容納超過六十頂帳篷，所以是徒步者必到之地，晚上一群人圍著營火，聊著步道上的生活，非常愜意。

　　如果徒步者天堂的完善設備代表「舒適」，另一小鎮的「月亮之家」就代表自由與奔放。主人在過去十七年接待不少徒步者，他們的熱情讓月亮之家成為徒步者必去之地。「世上只有兩種徒步者，一種是有去過月亮之家的徒步者，另一種是後悔沒去月亮之家的徒步者。」主人這樣介紹自己的家。

每當徒步者來到月亮之家，女主人 Terrie 都會和我們來一個深情的擁抱，就像母親歡迎小孩歸家，讚嘆我們的堅毅。更最有趣的，她要求所有人必須穿上他們準備的夏威夷襯衫，玩著音樂，抽著大麻，享受嬉皮文化，象徵著自由，開放自己的心。

由於兩個「必到之地」只相距二十四英里（約三十九公里），所以有人發明了一項有趣的活動，名為「挑戰二十四」，規定有意挑戰的徒步者在二十四小時內，「只」徒步二十四英里，更困難的是，在離開徒步者天堂時，需要背著二十四罐啤酒，每小時喝一罐啤酒，直至到達月亮之家。對於我們這些已經徒步幾百公里的徒步者來說，走二十四英里可能只需要十小時就完成，但「挑戰二十四」卻要我們醉著酒，頂著睡意慢慢地走二十四英里，難度比正常徒步高得多。

曾有徒步者在最後一個岔路轉錯方向，發現走錯路後，已經是幾英里後的事，所以決定放棄，在步道上直接倒頭大睡，而在月亮之家的同伴，等不到他的到來，以為發生了意外，最後通知消防局幫忙搜索，才發現是虛驚一場；甚至有人醉醒之後，發現自己已經在一百多公里外的洛杉磯，完全記不起移動過程，只好上網問大家由洛杉磯回到月亮之家的交通方法，最後卻得到「他怎樣去的，就怎樣回來」這種搞笑答案，這些故事都成為徒步者之間茶餘飯後的笑話，讓我們充滿歡樂。

在短短的二十四英里路上，真的非常歡樂，由於大家都選擇在這兩個地點停留，所以能重遇很多一路上的徒步者，就像一個來自五湖四海的大家庭，不論年齡、性別、膚色，都有一個最關鍵的共通點，就是要走到加拿大，也因為這個單純的目標，把我們連結在一起。

大部分徒步者都吃過月亮之家的玉米餅沙拉

Coppertone 開着他的露營車，在 PCT 多個必經之地停留，提供食物和汽水，我全程一共遇到他五次

Mike 會烤薄餅給留宿的徒步者

在高峰期時，會有超過六十人住在徒步者天堂

苦盡甘來

離開天堂後不久，我們又要來到地獄。在離開 816 公里處的小鎮 Hiker Town 後，正式進入沙漠地帶，為了避開沙漠的酷熱天氣，我選擇下午三時才離開補給點，不過溫度仍然接近四十度，四周吹著強烈的熱風，吹得連自己的聲音都難以聽見，也沒有任何降溫的效果，而被吹起的沙，不斷侵襲著皮膚，我必須要用毛巾包著自己的口鼻，才能正常呼吸。

眼中看到的，一直都是類似的景色，除了沙漠獨有的約書亞樹（Joshua Tree）外，一切毫無變化，由於這個區域沒有水源，有心人把一些瓶裝水放在路邊，給徒步者應急之用，雖然到處都沒有人的蹤影，但已經暖透我的心。

一改之前不斷上坡下坡的山勢，這裡非常難得地有連續二十六公里平路，路段看似容易，但連續五、六小時走在這看似簡單的平路上，沒有上坡的辛勞也沒有下坡的愉悅，一切回歸平淡，更容易磨滅自己的意志，加上地面的細沙，每一步都要用更多力氣來提起雙腿，路，好像怎樣走也走不完，風景，卻早在第一個小時已經看膩，考驗著我們的耐性。結果，我走了大約六小時平路，在晚上十點，在一個小水塔旁牛仔露宿。

常常聽到一些上班族在抱怨，覺得生活一世不變，每天上班下班為求糊口溫飽，卻失去了靈魂以及對生命的熱誠。當我們去挑戰難關，也會感到痛苦，身心疲憊，甚至覺得自找麻煩，這個時候，應該咬緊牙關撐下去，

因為在成功克服困難後的果實，必定更加甜美。

　　山野很美，看多了，還是會因習慣而麻木，但唯有內心的充實，才能讓自己一次又一次的走下去。我明白，沒有多少人能夠享受痛苦，但現實世界就是充滿不如意的事，我們根本無從選擇，所以更要學會如何面對，如何堅持，正面地想像苦盡甘來的美好，而不是選擇逃避，卻怎樣也逃不出現實的五指山。

人工小鎮 Hiker Town

有人在路上放置緊急時可用的食水

唯有內心的充
實，才能讓自
己一次又一次
的走下去

抉擇

　　每年打算挑戰ＰＣＴ的徒步者們，都會集中在三月至五月中前出發，主要是因為中加州的內華達山脈在六月左右才會開始融雪，如果過早到達雪山，便要冒著無法穿過雪山的風險，如果太晚起步，就要面對南加州夏季的酷熱和乾旱，而且也可能無法趕及在十月初美國北部初雪來臨前，到達加拿大。

　　計劃不及變化快，今次應驗了。

　　由於過去幾年內華達山脈的雪量非常低，所以不太需要擔心雪量情況，但今年的雪量比往年都要大，我決定在四月三十日這個較遲的日子起步，希望每天大約走三十公里，不用走太快也能夠在六月中左右到達沙漠和雪山的分水嶺，1125公里處的甘迺迪草地（Kennedy Meadow）。

　　不過，我還是比預期中走得更快，即使在接近雪山前已經開始減少徒步距離，增加休息時間，我還是會過早進入雪山地帶，加上近乎沒有雪地徒步經驗，如果勉強穿越，很有可能發生意外。

　　雪上加霜的是，當我們越來越接近雪山，前方步道因為山火而關閉，而且沒有任何改道安排，面對著不知道何時才會重開的步道，我們在補給點等了三天，山火都沒有減弱的跡象，我和武平、培竹，還有另外兩位台灣的挑戰者，阿泰和呆呆，覺得不能無了期地不斷等下去，決定一起租車

北上，直至加州與俄勒岡州邊界附近，大約2745公里處的小鎮再重開起步，不過不是向北走，而是反過來向南，打算先完成北加州路段，從北面走回去內華達山脈，穿越已經融雪的雪山後，乘坐交通工具，回到俄勒岡州原點，再重新向北到加拿大。

其實我們不知道這個決定是否正確，因為和我們一樣改道的人並不多，面對突如其來的未知之數，我們既擔心又興奮，我知道，這個經歷是一般徒步者所沒有的，但我們需要自行解決面對的難題，不可以再依賴前人的經驗，卻能夠讓我們的行程，更有挑戰性。

過去二十多年，我大部分時間都是沒有主見地活著，感受不到活著的意義，經過多年的思考，得出「獨特性」這個答案，沒有獨特性，我就會覺得是在隨波逐流，淹沒在人海之中，同時，也容易被世界所遺忘，獨特性讓我感受到自己的存在，把我和別人有所區分，從此之後，我就不太喜歡做一些太熱門的事。

ＰＣＴ在香港以至亞洲來說並不流行，但每年仍有數以千計的徒步者在步道之上，由我在南加州起步後，每天都會遇到幾十名徒步者，美其名是一起奮鬥的伙伴，卻失去了完全面對自我孤獨面的機會，所以這次改變行程，可能也是天意，上天要我們重新面對自己，也要我們體驗大自然最真實的一面。

來到《那時候，我只剩下勇敢》女主角起步點

離遠了南加州，風景馬上變得不一樣

上天要我們重新面對自己，並體驗大自然最真實的一面

安靜

為了避開山火，以及中加州內華達山脈過厚的深雪，我們五個人，一路開了十多小時車，來到了加州與俄勒岡州的邊界，ＰＣＴ第 2744 公里處的 Callahan's Lodge，打算由這裡開始，一路向南，走回雪山地帶，先走北加州的方法，既可以讓我們避開七月時北加州的高溫和山火，也讓我們遲點才走雪山區域，減低發生意外的機會。

要走ＰＣＴ，首先就要決定是由南向北走，還是北向南走，每年三月至五月會有超過三千名徒步者會在南邊小鎮 Campo 出發向北走，但從北到南的，每年大約只有一百人，這是由於ＰＣＴ的緯度跨度和時間窗口的關係，南行者特別考驗徒步者冰雪中行走和找尋的能力。

這次中途改為由北向南走，並不會有上面所講的問題，但市面上大部分資料，都是針對北向者而寫，大部分步道天使的協助也較針對北向者大部隊而做，所以我們現在真的是拓荒者，所有東西都要自己摸索和嘗試，這就是我們面對的最大困難。

我們在 Callahan's Lodge 遇到另一個徒步者，她和我們一樣，由南部租車來到這裡，不同的是，她打算從這裡往北走，到達加拿大後，再回去走之前跳過的路。這個方法也可行，但對我們來說，我希望我的終點是加拿大，在走了四千多公里後，在真正的終點感受那份感動，整個旅程間，最期待的就是那一刻。

根據官方記錄，一九九五年只有大約百多人嘗試走完全程，到了今時今日，在南加州段，我會用熱鬧來形容，每十分鐘就要和別人打招呼，有時還要寒暄幾句，但這次我們脫離大隊伍來到這裡，世界安靜了。

重新出發的兩天以來，除了隊友，在步道上遇到的人類數目，是兩個，兩個情況和我們一樣的徒步者，這兩天，我感到真正自由了，由早上八點半開始走，兩天都走到晚上九點半才停下，肉體很累，但精神很好。

成長在香港這個世界上最繁忙的城市，每天都會被來自四方八面的資訊轟炸，鮮有時間可以真正停下來，不要說都市人沒有時間解決一些實際面對的問題，就連在家休假，也離不開電腦和網路，不可能花時間靜下來，和自己對話，整理一下內心深處的思緒。這次，慶幸自己有這個機會，可以遠離一下人群，反思一下我的過去，考慮一下我的現在，想像一下我的未來。

一個人的日落，
卻不感寂寞

雪地遇險

為了避開山火和提早到達雪山的情況，我和台灣隊友租車來到北加州和俄勒岡州的邊境，再開始向南走回雪山地帶。一起走了一天之後，我開始加快步速，漸漸地再次變成一個人徒步。

獨行很自由，但也有一定危險性，最危險的就是穿越雪坡。我們為了避雪而來，卻發現北加州的積雪仍然未完全融化，當一個人來到雪坡前，很興奮，因為終於可以使用新買的冰爪了，又很害怕，因為如果不小心滑落，肯定叫天不應叫地不聞。

以我之前的速度，如果要等隊友到來，應該要等幾小時吧，不管了，硬著頭皮走過去，有驚無險，過了第一個雪坡，但沒想到，前方還要過幾十個雪坡，那時，我已經不存一絲興奮，心中只有咒罵。

森林中兩、三公尺高的積雪，讓本來是平地的步道，變成一個又一個小雪丘，而且完全覆蓋步道，每一、兩分鐘就需要停下來查看定位，確保方向正確，這種路段，一小時大約只能前進兩公里，極度浪費時間。但浪費時間是小事，遇到山崖邊的雪坡，只靠手中的登山杖和腳下的微型冰爪，每一步都有機會滑落，甚至，每一次向前踏一步，也需要鼓起勇氣，因為你不會知道在下一秒，你的重心腳會否突然滑下。

終於，我遇險了。

滑倒，一屁股坐在一個大約五十度的雪坡上，我不可能從那個姿勢起身，我看到下方一、兩公尺外有棵大樹，正想著要不要滑下去抓著大樹時，我突然就向下滑去。

整個過程不到一秒。

在電光火石中，我用腳踢向大樹，希望可以讓自己停下來，但我小看了這一、兩公尺的滑落距離了，踢向大樹，換來的是背包整個翻至前面，讓我打了個前滾翻，繼續滑下去。

再滑落一、兩公尺後，幸運地停在一個小平台，身體扭曲地被背包壓著，手機和一枝登山杖飛脫，直到我站立起來，抓緊身邊大樹那一刻，才真正脫險，那一刻，我才開始冒出冷汗。幸運地，之後已經沒有非常困難的雪坡，但我得到了教訓，當來到了重新起行後的第一個補給點，決定還是等等隊友，一起走比較安全。

我反省自己的魯莽，回想近兩年的旅程，雖然遇過不少困難，但沒有真正涉及到性命安全的危機，這也讓自己過於自信，以為勇往直前就是成功的不二法門，但其實在這個杳無人煙的大自然中，危機總是突然來臨，當身處雪坡的中心時，想轉身走回頭路，就已經太遲了，所以在挑戰一些有風險的難關前，必定要深思熟慮，正確評估自己的能力，再作出正確決定。

試圖在遍佈積雪的森林中找到前路

影響力

　　經過差點滑下雪坡的一役,和隊友重新匯合,繼續往南走。不過,壞習慣難改,當我走在隊頭時,很自然地會不斷加速,按自己最適合的速度前進,不知不覺就會慢慢拋離隊伍,每次都是走了一段時間,向後望,再減速等候隊友,讓我走得很不暢順。武平把一切看在眼裡,有一次我們兩人走在前頭,他就和我來一段密談。

　　「你覺得一個人在團隊中的影響力是什麼?」突如其來一個深奧的問題,我也不懂回答。「影響力有正面也有負面,要發揮影響力,不只是在於一個人說了什麼話,而是他的行為,和存在本身,給予別人的感覺,有些人不用說什麼,卻能默默地讓團隊走向成功,但也有人不知不覺間,為團隊帶來負面影響,漸漸走向失敗。」

　　「在我們五個人當中,為什麼大家都很聽我的意見?可能是因為我的專業背景讓大家對我有所信任,也讓我在團體中有較大話語權,當一個人有較大的影響力和話語權時,就更需要注意自己的一言一行。」

　　「比方說,當你走在隊伍的第一位,卻不留意後方的隊友而走得太快,完全離開隊友的視線範圍裡,那就會讓較落後的隊友們造成壓力;如果你走得比較快,但剛好距離隊友十多公尺距離,又不會離開大家的視線,就有可能形成一種推動力。有時候大家共同行動,如果有隊友常常不合群,做自己的事,不管那個隊友在團隊有多大的話語權,他也會默默地為團隊

帶來負面影響。」

「其實上次你一個人走雪坡，我們在後面一直很擔心你，有一段路甚至找不到你的腳印，還在想你會不會出了什麼意外，不停喊你的名字卻沒有回應，直到有網路聯絡到你，才鬆一口氣。」

武平的一番話，讓我反思，我是怎樣看待他們，是同一個團隊？還是只把他們當成「剛好走在一起的同路人」。當我作為一個背包客獨遊時，常常會在不同地方遇到來自世界各地的「同路人」，我們可能會一起結伴同遊，不過快活過後，總是天下無不散之筵席，在生命中出現過，卻可能一輩子都不會再相遇，習慣了離別，也讓我太刻意和別人保持距離，不想和別人深交，離別時就不會感到傷感。

同時也因為武平把話拿出來講，讓我非常感動，他讓我知道，他們重視我為團隊的一份子，看似是很理所當然的事，對欠缺自信的我，卻是非常難得。原來，當自己總是過份保護自己時，便會失去與人結交的機會，自己要先踏出那一步，打開心窗，才能得到別人的信任。

經驗豐富的武平不會以隊長自居，而且很願意聆聽大家的意見

冒險

「我無所謂，反正我一生都在冒險。」武平說。有一次，當我們決定好露營地點後，突然發現身旁的木上有野獸的爪痕，正當我們在猶豫要不要再往前走，找另一個露營區時，武平說了這樣的一句話。

冒險，很多時候會涉及運氣，我聽到這句話後，也心想，「我也常常在冒險呀。」但分別是，我的冒險沒出什麼意外，很有可能只是運氣好，但武平所說的冒險，卻有相應的技術和經驗去支持。

當我第一次走雪地，沒有經驗，沒有技術，卻成功走過去了，成功了一次、兩次，單靠運氣和勇氣，終於遇到雪險，滾下雪坡，又因為運氣好而沒有受傷。經過這一次，變得謹慎，但不代表會逃避它，更應該選擇正面去克服它，認識它。

和隊友們匯合後，走了一日，終於再次來到雪坡面前。武平把我和阿泰與呆呆拉到一邊，變身雪訓導師，向我們講解如何在雪坡上踢和踏等動作的注意事項，更重要的是教我在滑落時，如何制動和安全的姿勢。

學會基本動作，就開始上路了。看著武平沒有穿冰爪，卻在雪上如履平地，來來回回蹦蹦跳跳幫我們開路，心中覺得奇怪，他不會覺得滑嗎？為什麼他能走得這麼快，也不會滑落？

「因為我了解雪地，而且手上有冰斧，滑落也知道怎樣去停下來。」

武平說。上次我滑下雪坡，完全沒有方法制動，能停下來只是好運。而在武平的教導和提醒下，對雪有更多了解時，膽也越來越大，心也放得更開，在雪地上走得也越來越快。

走得快，不代表不安全，因為我每一步，都做好了滑下的心理準備，也準備隨時換成制動的姿勢。當願意面對它，了解它，認識它，之後才有機會克服它，也是克服了自己心中的恐懼。

晚上七點多，就快到達今天的目的地，但在面前的，是一個超大型雪坡，我們要由上而下，走到近二百公尺下的坡底。看到雪坡那一刻，真的有點想放棄，因為我們跳上北加州的關係，在沒有太多資訊下，很難提前知道前面的雪坡情況，這個雪坡，超出我們的估計。

我和阿泰、呆呆都有點想放棄，因為之前一個又一個的雪坡，已經讓我們疲於奔命，但還是要走下去，因為外行人如我也知道，明天早上雪坡會變硬，那時地面會更滑更危險。

由於武平走得比較快，所以在前方開路，也可以先找找正確方向，當我們向下方走了一小段，武平視察過環境後，他決定直接坐在雪地滑下去。我考慮了一會後，覺得武平滑下時的速度不算快，決定也滑下去，利用登山杖作冰斧，準備制動的姿勢，雖然我不肯定登山杖能不能減速，但還是決定試試。結果，我很順利滑下，有了我用登山杖也滑得很安全的成功例子，後續大家都決定滑下來了，省下不少時間和力氣。

危險與否，只在於有沒有足夠的能力和洞察力，去作出正確的判斷，一個錯誤的選擇，學到的教訓比正確的選擇來得多，當我們常常千思萬想，希望作出一個自以為最適合自己的最佳選擇時，其實我們可能已經放棄了從失敗中學習的勇氣，當我們遇到挫折和困境時，更應該平常心去面對，因為我們知道，經歷過失敗，我們肯定也會成長。

離隊

　　相信大家也有試過，和別人一起旅行時，才發現雙方很多習慣不一，輕則吵架，重則絕交，長途徒步也一樣，我們在步道上，不是一起旅行，而是一起生活，難免有一些生活習慣不一樣，所以如何選擇伙伴，互相配合非常重要。

　　由我本來打算獨自挑戰ＰＣＴ，到剛開始時與武平和培竹二人因同一天出發而組隊，再到現在，已經變成一個五人的隊伍。由於怕冷的關係，真的很討厭早上五、六點起床，一般都賴床到最後一刻，才趕緊收拾東西出發；到了下午五、六點時，我不覺得很累，而且溫度會開始下降，我可以走得更快，所以想再走一、兩個小時才紮營，但因為作息時間不一，也會配合大家而提早停步。

　　記得有一次，當我們在討論下一個休息地點時，我欲言又止地說了句「沒關係」，武平看出來我心中有其他想法，就對我說：「你應該先把想法講出來，大家一起討論，而不是自己在心中認定我們不會接受，收起自己的想法。」原來我的配合，只是因為怕和別人有爭執，又或者是怕影響別人對我心目中的印象，所謂配合，其實是妥協，更重要的是，我並不享受這種妥協。

　　如果武平他們的身分是登山愛好者，那我的身分就是背包客，而背包客就是這種特質，一個人在路上，和不同的人組隊共行，又隨時隨地分別，

不會強求。也因為這樣，就算我一直都是獨行，才有空間加入別人的隊伍，又或者容納不同的人加入，這種無限的可能性，正是背包客所追求的旅程吧。

當然，和別人一起組隊徒步，也有組隊的樂趣，一起研究路線，一起吃飯聊天，一起互相鼓勵，一起克服難關，所以近一個月的徒步生活中，日子過得非常快樂和充實，但也因此，我感到自己開始變得依賴，遇到其他徒步者時，更習慣混在圈子裡，遇到困難時，更傾向先問隊友意見，加上培竹英語很好，我連和別人聊天的任務也交給他了，時間久了，我覺得自己再次進入了一個安舒區，這一點，有違我的初衷。

當我確認前方沒有積雪後，終於下了決心，再次獨行，和隊友們說好之後，我再次加速，以自己習慣的步速前進，就在那一天，走了十七個小時，由早上九點到凌晨兩點，共走了六十八公里才停步，把近期不順利的心情一掃而空。

我們平時已經習慣了看別人臉色做人，因為害怕別人介意，就違背自己內心的真實意願，其實不需要把事情想得太過複雜，獨處久了感到寂寞，就找其他人組隊，組隊久了感到束縛，就自己一個人離開，不用太顧忌別人的想法，每個人也是一個個體，這也是ＰＣＴ之旅的基本，行程是屬於我自己的，不是為別人而走，最重要是跟隨內心的真實感受作決定，不勉強自己的同時，也不勉強他人，才能更享受這個旅程。

和山羊作伴的分段徒步者

行程是屬於我自己的，不是為別人而走

狂走

徒步了一個多月，真正變回獨行者，放下了對同伴的依賴，也可以按自己的步伐和習慣來前行，讓這次旅程，開始新一個階段。

在今天起步之前，查了一下露營點，有一個在三十八公里處，一個在四十六公里處，在正常判斷下，四十六公里有點遠，停在三十八公里比較合適，結果以一個放鬆的心情去走，維持在自己習慣的步伐，減少不必要的休息，早上九點開始徒步，到兩點吃午餐，五個小時沒停下休息過，那時已經走了二十四公里，表現比我想像中好，飯後，下午三點繼續前進，再一次，不休息走到晚上七點半，四十六公里，已經打破了自己單日徒步紀錄。

「太陽九點多下山，不如我再走一段吧！」決定再走六公里到下一個露營點，但中途又突然決定，試試挑戰二十四小時連走。

這次我想走多一點，不是因為趕時間，而是想挑戰一下自己的極限。當你知道自己一天可以走三十公里，就會想試試挑戰四十公里，之後又會想挑戰五十公里……

我真貪心。

走在黑夜，伸手不見五指，除了頭燈的光照明的範圍外，什麼都看不到，天下間，只剩下我的聲音。很累，雙腿發軟，很想睡。「我還未到極限，

我還能走下去……」心中不斷對自己說，其實我知道已經到了極限，我不是熱血故事裡的主角，我只是一個平凡人。

徒步進入第十六小時，如果要挑戰一百公里，我之後八小時就需要維持每小時近五公里的速度前進，如果是平常狀態的我，這個速度不太困難，但我真的太累了，在近乎睡著與清醒之間，速度已經下跌至每小時三公里左右。

當我走到第十七小時，發現又一個上坡在我面前，所餘無幾的精神突然一下子潰堤，堅持不住，放棄了，六十八公里成為我單日徒步最高紀錄。當天凌晨兩點，我極速拿出睡墊，在步道的路中心大睡特睡。

二十四小時連走一百公里這個目標，一直都在計劃中，本來打算找一個容易走的平坦路段，只準備冷食，省去煮食時間，再買多點行動糧，方便邊走邊吃，而且等到接近補給點前，背包輕一點的時候再去挑戰。

但這次，完全沒有做任何準備，煮了兩餐花了一個半小時，路段不難但也爬升了一千公尺，而且前一天才剛離開補給點，背著七天食物背包重得要命，但是人生的挑戰不會等你準備好才來到面前，而且這世界其實沒有真正的「準備好」，有些事情如果想太多，熱情過後就不會想去做了。

雖然挑戰一百公里失敗，但其實又有什麼所謂呢？我知道這只不過是一個可以讓我盡力的藉口，我能夠堅持到現在就已經很足夠，更高興的是，可以了解自己的極限。

在隨處可見的星空下露營

心理測驗

當行程回到一個人獨行，除了可以更隨心所欲地按自己步幅前進外，也是一個好機會，在沒有別人影響的情況下，分析自己的心理運作，讓我更了解自己。例如安排行程中的前進里數，相距下一個補給點小鎮一百三十公里，自己會怎樣安排行程呢？

有人會每天走大約三十多公里，在第四天晚上到達目的地；有人會選擇每天休閒一點，前進少於三十公里，在第五天的早上或中午到達；有人會走三十五公里以上，希望在第四天下午就到達，讓自己晚餐可以在小鎮裡吃好一點，同時也有更多時間休息；有人會規定自己一定要走四十公里以上，趕在第三天晚上就到達小鎮，之後第四天來一個全休日。

四個不同的安排，就像自己和自己玩心理測驗一樣。

正常我會選擇第三項，即是每天走三十五公里以上，希望在第四天下午到達，不過昨天突然其來的六十八公里徒步，打亂了正常的計劃，因為還要計算自己狂走之後的身體狀況。

在走完六十八公里後，距離下個小鎮還有約六十三公里，對於平時的我，一天三十公里沒有難度，但對於狂走後只睡了四個小時就出發的我來說，卻是困難無比。身體累到好像不是自己的一樣，平均每小時大約只能走三公里，差不多是平常的一半。

但我今天還是決定要走三十公里。

狂走後的第一天，大部分人在這個時候，都會選擇只花半天走大約十五公里，又或者來一個全休日讓身體恢復，但我覺得，這樣的話就「浪費」了昨天的努力，難得走得比預期快了，當然要保持這個「成果」。每小時走三公里，很慢，但又如何？三十公里，用這個龜速去走，十小時還是能夠走完。

由於前一天累得在步道正中心倒頭大睡，一直很擔心有其他徒步者經過，阻礙了別人前進，讓我睡得不安心，所以決定在早上七點半左右就出發，走到累就停下來休息，但不能停留太久，每次大約五分鐘，看著地圖，進度前所未有的慢，但我知道，只要不停下來，總是會到達，停下來的話，終點永遠都不會自動向你靠近。

晚上八點，我到達目標地點，走了三十四公里，時間和我預想中相近。因為這天的努力，距離目的地只剩下二十九公里，隨著一晚好眠，身體恢復過後，肯定明天就能到達目的地。

由第一天的堅持，到第二天的保持，才得到第三天的成果。有種人，會按自己自身各種狀態，再調整目標去配合；也有種人，會按目標大小，再用各種方法，強迫自己去達成目標。

我是後者。

就算最終達成不了目標，其實不要緊，因為當你認真對待這個目標，以接近自身極限的力量去嘗試完成它時，最後出來的效率，絕對比一開始就選擇妥協更大。

在這短短的一百三十公里路，我又為自己上了一課。

長途徒步是一次個人實驗，用各種情感去觀察自己是怎樣的一個人

徒步者饑餓症

當我還在南加州，跟武平和培竹組隊時，我吃東西的份量，可以抵上他們兩個人的總和，身為非常有經驗的外戶教育工作者的他們，建議我應該學會用「效能登山法」，透過身體的運用，和裝備與糧食的輕量化，以最少的能量消耗來登山，讓食量減少，達至減輕負重的作用。

但沒想到的是，現在的我不單學不到「效能登山法」減輕吃的份量，胃口還不斷增大。雖然我已經計算過身體每日所需的熱量，再購買足夠食物，但在行程之初時，我的胃還未完全適應這種全日運動模式，所以每餐還是吃不下太多東西，但漸漸地，食量開始大增，購買食物時卻低估自己的需要，反而變成不夠吃的情況，試過餓著肚子走了幾百公里。

徒步者每天大約需要燃燒四千卡路里，比一般人多一倍，如果汲取量不足，身體會燃燒脂肪製作熱量，讓體重減輕，經過第一個多月的徒步，大小腿肌肉變得結實，腰部脂肪明顯少了很多，體重輕了近六公斤。為了補充不足的熱量，第二個月開始，徒步者們會開始出現「徒步者饑餓症」(Hiker Hunger)，雖不是真正醫學上的一種病症，但的的確確會發生在每一個長途徒步者身上。

來到北加州之後，食量開始變大，是剛起步時的兩倍，而且即使吃飽了，不用一、兩小時又會出現空腹感，隨身攜帶的行動糧例如果仁和巧克力等，也消耗得比之前快，當我來到補給小鎮，看到難得的美食，就會完

全顧不上開銷，看到什麼想吃的就會大吃特吃，曾經試過獨自吃掉一個十六吋的披薩，填補身體不足的熱量。

徒步者饑餓症不只是肚子餓那麼簡單，長期的饑餓感，再加上難吃而單調的露營食品無法滿足人類基本食欲，會讓徒步者出現精神壓力問題，當我在步道上，連續走了不知道多少個小時之後，腦海中已經沒有什麼可以想，慢慢地就想到想吃的食物，望梅卻止不了渴，反而越來越痛苦，當精神長期處於負面的狀態時，的確有人會因為徒步者饑餓症而選擇放棄徒步，選擇回到溫飽的現實社會。

對於很愛吃很能吃的我來說，徒步者饑餓症的確是最大的敵人，我享受一個人在野外放空的時光，也可以忍受每天餐風露宿，但不太能接受長期吃著難吃的登山食品，所以每當來到一個城鎮，離開都需要一定的勇氣，就像當初離開香港，來到美國一樣，每一次離開舒適的環境，都需要再一次回想我的初衷，鼓起勇氣，才能重新起步，朝加拿大多邁進一步。

單調的山上食物令自己苦不堪言

目標

還記得剛開始徒步的第一個月，每走一百英里，就會和里程碑自拍留念，隨著路越走越遠，沒有那麼熱衷於「集郵」了，何況，當北上至北加州後，徒步的里程已經被打亂，即使走到一千七百英里的里程碑，也不會有絲毫感動。

當我來到接近 2143 公里處，發現路邊有一塊官方石碑，仔細一看，才發現是ＰＣＴ中間點的石碑，雖然我知道，距離真正的「半程」還有幾百公里，但看到這塊石碑，不禁想像，其他按正常行程北上的徒步者，來到這裡時，會是怎樣的心情呢？如果自己沒有北上，當我來到這裡，又會有怎樣的心情呢？

已經完成一半？還是剩下一半？可能大家都會想這個問題，很多人會把「完成一半」理解成積極和正面的想法，「剩下一半」則是比較保守和負面的想法，雖然某程度上可以這樣理解，但我覺得其實和大家的思維模式有關。

當我在路上遇到其他單日徒步者時，他們問我打算走到哪裡，我都回答「加拿大」，然後他們很驚訝地覺得「幾千公里根本不可能走過去」。的確，這個目標真的太遙遠了，幾千公里不是正常人會走的距離，但如果把它分成四十三個一百公里，聽起來就有可能做得到了，我們這些徒步者，只是「向」著加拿大的終點前進，「看」著的，可能只是兩百多公里外的

下一個補給點。

「下一個補給點在二百四十公里後，大約要走六天。」這類的對話，在每一個補給點也會出現，每當離開一個補給點時，我就把目標放在下一個小鎮，一個六天的行程，聽起來，馬上變得不是沒有可能辦到的吧，只不過，我們是要連續去走二十多個「六天行程」而已。

其實「加拿大」這個終點，就像一個人的夢想，夢可以很大，如果有決心，只要把夢想拆成很多個小目標，從決定志向的那一天起，一步一步向前走，終究會有不錯的累積，就算最終被迫放棄夢想，起碼努力追求過，比那些一開始就說「不可能」而停步不前，二十年後仍然原地踏步的人，走得更遠，擁有更多。

屬於自己
的經歷

隨著不斷向南走，開始遇到越來越多的北行者，他們穿過了滿佈厚雪的中加州內華達山脈，來到炎熱的北加州。

因為太久沒見到北行徒步者，很多時間我會主動和他們打招呼，除了問一下南邊的情報，也會主動和他們說一些北加州的資訊，哪裡有好吃的餐館，哪裡補給比較便宜，哪裡的水源早已經乾涸⋯⋯不斷的交換情報，讓我多了一點安全感，也舒緩一下長期獨行的孤獨感。

有一次，當我在營地搭帳篷，和一個法國的背包客聊天，提到我來自香港，旁邊一個已經被長髮和鬍子蓋過亞洲人臉孔的徒步者突然開口，用不太流利的廣東話對我說，他也是香港人！

Prodigy 在美國出生，在美國長大，但父母是居美香港人，每幾年會回港住一段時間，能說簡單的廣東話，有香港身分證。「那一次我在下午才到達那條溪流，融雪讓水流非常急，過溪的時候，水都已經到胸口的高度了，我還踏空了腳，只能馬上游過去。」「那個雪坡差不多有八十度了吧，根本不敢向下望，真的太恐怖了。」和他聊到中加州雪山時的經歷，再回想自己的旅程，好像總是缺少了些什麼。

回想在南加州，擔心無法穿過雪山，擔心山火，擔心有危險⋯⋯當這些不安充斥在自己的腦海裡，同時又找到另一個折衷方法時，很容易，人

就會選擇了逃避，所以我最後決定租車北上。

　　沒錯，先走北加州是一個聰明的做法，風險較低，難度也較低，但當我看到他們歷盡了艱辛，克服了嚴峻的大自然環境時，總是覺得自己失去了一次難得的經歷，心裡，有點缺失。

　　如果客觀地重新審視當時的情況，我也不可能知道哪一個才是正確選擇，既然大局已定，沒有什麼可以改變的餘地，那不就更應該集中回到自己所做的選擇嗎？當然，北行者也沒有我的經歷，不過人類總是傾向於羨慕別人而忽視自己，當前路二選其一時，有得就必定有失，而且更會把自己所放棄的選擇，無限地美化和放大。「我也想和你一樣到處流浪！」「如果我不是因為家人不允許，我早就像你一樣到處跑了！」我辭職出走已經兩年多了，期間聽到不少人對我這種生活表示羨慕，但他們何嘗不是把我的旅程無限美化和放大呢。沒有任何一個選擇是完美，有好處總有壞處，有得必有失，我們何不擁有多點自己的寶貴經歷，盡快忘記曾所放棄的虛假幻想呢？

請不要羨慕別
人，只需要著
眼自己的選擇

鄰里

當我來到 1747 公里處的公路，如常地截順風車到附近的小鎮補給。太浩湖是這個區域的旅遊度假聖地，算是比較大的補給點，來到這裡，代表已經完成了北加州約一千公里的行程。不久，我成功截到順風車，向補給點進發。

「你介不介意我先去一個地方，再送你到鎮上？」司機問。

「當然可以，我不趕時間的。」我答道。現在是我搭上他的車，我當然不可能影響他本來計劃。

他載我來到一個民居門前，自行進去，我在車裡等待，不一會，他走出來，叫我進去。原來這裡是他一個好友的家，他因為無聊，開車來探望朋友，和屋主說到我的情況後，招待我進他的家中。

「你會不會肚子餓，要不要吃點東西。」屋主問，「你為什麼站在那兒，坐下吧。」

「不用了，我站著就好，我也不餓，不用麻煩你了。」我覺得自己身上太髒了，坐他的椅子，也怕會弄髒，當然我也不會告訴他，其實我正餓得發瘋。

「真的不吃？這些水果都是鄰居送給我的，你不用客氣啦。」我見屋

主誠意十足，再推辭反而是不禮貌。

「我們附近的居民，都會種植不同的水果和蔬菜，收成之後和鄰居交換，所以常常有朋友來找我，送我很多不一樣的食物，多得我根本吃不完。」吃著吃著，他又弄了些三明治給我，因為他知道，我們這些徒步者，永遠都處於饑餓狀態。

離開後，司機因為知道我是香港人，帶我去找他另一位華人朋友。Kavin 從香港移民美國超過三十年了，當他看到我這個「不速之客」時，沒有意識到我來自香港，因為我經過兩個多月的徒步，皮膚已經曬黑到像東南亞人一樣，雖然和 Kavin 只是寒暄幾句，但久違了的廣東話讓我心裡充滿親切感。

「感謝你帶我來找 Kavin，在異地遇到家鄉的人真的很有親切感。」當我們離開後，我對司機說。

「是我感謝你才對，你讓我有藉口，可以探望一下朋友。」司機答道。

一個城市越發展，生活在這個城市人與人之間的關係，是不是就會越來越疏遠呢？這種鄰里關係，在香港已經很見少了，住我家旁邊的鄰居，姓什名誰？我不知道，某次難得有機會在等電梯時遇到他們，我卻低著頭看電話，好像說一句「你好」或「早安」就會世界末日一樣。「鄰居」一詞在香港的定義，只在居住位置之鄰，但人與人之間的距離，卻隔了萬里遠。

我們這次因為順風車而相遇，他拿出食物招待我，我用故事和經歷作交換，就像回到古代以物易物的時代，人的關係，不只是用金錢和價值來連結，是不是要回到返璞歸真的生活，才可能重拾這種人際關係呢？

人應該用成就
感讓內心飽滿

對成功固執

中加州內華達山脈被認為是ＰＣＴ上最難路段，除了坡度較大，更是因為徒步者需要翻過八個非常密集的山口，有些人為了輕鬆，選擇走慢一點，每天走少一點，大約每兩天翻一個山口，但是對我來說，定下了目標，就必須按目標完成，不會因為辛苦而降低目標。

當我在北加州時，每天的目標行走距離是約四十至四十五公里，而來到中加州，我已經按地勢和各種客觀條件，把目標行走距離修正為每天三十公里，就不能再以辛苦為藉口，將自己不能達成目標正當化。

翻越山口，簡單來說就是爬過整座山，雖然不是越過山頂，但也會在接近山脊的高度。小的山口，爬升六百公尺，大一點的山口，甚至要爬升上千公尺，更要命的是，所有山口都在海拔三千六百公尺以上！由海拔約二千五百公尺開始爬升，翻過山口後，再次下降回到二千五百公尺，再爬下個山口，每天辛苦翻過山口後，心中的喜悅很快就會消失，因為要盡量繼續前進，減輕明天登下一個山口的負擔。

此外，由於深入高山區域，補給困難，每次補給後也要背著近十天的食物，加上這個區域才需要用到的熊罐和冰爪等裝備，讓背包比之前重得多；連續幾天的下午時段必定下雨，有時候更會下冰雹；高海拔讓自己出現高山反應，體能消耗得很快，這一切，都讓這段路的難度增加不少。

種種情況，讓短短的三十公里路超出了我的能力所及，不過，遇到難題，不是要降低目標，而是要想辦法，怎樣才能讓自己去達成目標。有賴床習慣的我，決定比之前早一個小時出發，走得再辛苦，走得再慢，也不停下來休息，而是等到吃午飯時才休息，下午四點多補充食用水時就順便吃晚飯，吃完之後再繼續走；利用晚上天還未完全黑暗的時間，每天走到大約九點多才紮營，因為我知道，盡快完成這段路，比在路上休息更重要，我不斷對自己說，我是烏龜，不是兔子，而烏龜的長處，就是不休息不斷前進。

享受挑戰是好事，但也請不要一步登天，如果目標設得太高，有可能只會讓自己失敗收場，雖然失敗也是一種學習，不過沒有人一開始就預計自己會失敗吧。如果想設定一個「不太高不太低」的目標，首先還是要了解自己，不單是身體上的能力，更重要是精神層面上、甚至性格上的了解，就像ＰＣＴ一樣，對很多人來說是一次無謀挑戰，但我知道用什麼方法可以推動自己，做好充足的事前準備，才會將ＰＣＴ設定為目標，再一步步去達成。

長途徒步中，會有很多第一次，突破第一次的難關，你就會變得不一樣

寧靜之美

全長 4286 公里的ＰＣＴ，它的組成就像萬里長城一樣，由多條早已存在的步道相連而成，當中最有名的，就是中加州內華達山脈內的約翰繆爾徑（John Muir Trail, JMT），ＪＭＴ因美國荒野探險者、自然保護者約翰繆爾而得名，全長 356 公里，從優勝美地國家公園（Yosemite National Park）向南延伸至美國本土最高的惠尼峰（Mount Whitney），被譽為是美國最漂亮的步道之一，由於近九成路段和ＰＣＴ重疊，所以絕大多數ＰＣＴ徒步者也曾走過ＪＭＴ。

當我經過兩千多公里的徒步，來到這裡，仍然為這裡的景色所感動，不是因為這裡有多麼不可思議的色彩，而是因為這裡是真正杳無人煙的地區，每當我來到一個看似平凡的高山湖泊時，總是有一種停下來休息的衝動，不需要有任何的娛樂，單是坐在這裡，躺在這裡，心靈正在享受的，正是大自然的交響樂，這裡的山林景色，絕配地營造出穿透心靈的美，這裡「平凡」的寧靜，不斷洗滌我的心靈。

在偉大的大自然面前，深深感受到自己的渺小，這裡的環境像鏡子一樣，反映著內心，平靜得讓我們看見自己，雖然湖不流，山不動，但大自然卻默默地，向我們傳達一些理念，這種意義，才是真正之美。

平凡的美，更能觸動人的內心

在此美景下釣
魚，本身已是
一種美

分享

　　經過了一個又一個的山口，終於來到中加州最後兩天的徒步，而這兩天，就是整條ＰＣＴ上最難的兩天。由於要求自己每天最少走三十公里，而最後兩個山口的距離比較接近，結果，同一天內要翻越兩個山口！其中一個，更是ＰＣＴ的最高點「森林人山口」（Forester Pass），海拔高達四千公尺，而第二天要挑戰的，則是美國本土最高，四千四百二十一公尺的「惠尼峰」（Mount Whitney）。

　　早上出發後，馬上要爬升約四百多公尺到達三千六百公尺的格倫山口，但這只是熱身運動，馬上下山繼續前進，下降了約八百公尺，來到今天的最低海拔二千八百公尺，突然再一口氣爬升一千二百公尺，終於來到森林人山口！這一天，共爬升了一千六百多公尺，共三十三公里路。

　　走在之前一段路時，雖然也會穿越海拔三千多公尺以上的山口，不過都會下降到三千公尺以下紮營，但是挑戰森林人山口的前一天晚上，我在海拔三千一百公尺的湖邊紮營，完全感受到高山反應的威力，睡在營裡，總是覺得氧氣不足，讓我整晚輾轉反側難以入睡。不過可能也因此，身體比之前更適應了高海拔環境，當我爬坡時，比之前更有力，走得也比較快，結果，我比預期中早了一個多小時走完這段路。

　　來到山口，已經下午六點多，本來希望有人可以和自己分享喜悅，但這時大部份人已經紮營休息，山口上一個人都沒有，讓我有點失落，甚至

下山尋找露營地點時，來到一望無際的荒野，遠方有一隻野鹿靜靜地看著我，那一刻整個世界彷彿只剩下我和牠，寂寞感浮現，可能獨行久了，還是想有同伴，在軟弱時鼓勵我，在高興時一起分享。

　　不少認識我的人都覺得，我很會遷就別人，但其實我心裡痛恨遷就，因為隨心、愛自由是我的本性，這也是為什麼近年我愛一個人獨處、一個人生活、一個人旅遊的主因。但來到了這一刻，才感受到那份孤單，遷就別人的確很麻煩很違心，不過這還是沒有違反自己的本質，而經過今次，更加肯定了，我的本質是希望和同伴分享的性格，經過這一天，我才知道，如果從此不能和別人分享自己的故事，我的世界將變得灰暗。

來到森林人山口，空無一人

登頂

今日，將會是中加州行程的最後一日，挑戰美國本土最高峰，四千四百二十一公尺的惠尼峰，登頂後我會從另一條路線下山，回到附近城鎮，再以搭順風車的方式，回到加州和俄勒岡州的邊界，再次向北徒步。

雖然說惠尼峰是美國本土最高峰，不過今天的徒步距離比較短，大約只有二十公里，由三千二百公尺開始爬升，直至約四千二百公尺的一個分岔路口，才可以放下多餘的東西，再挑戰頂峰，也因為希望在山頂看日落，所以時間非常充裕，不用趕行程。

在過去幾星期裡，我在步道上遇到不少徒步人士，但大多數都只是來走一小段路，真正挑戰ＰＣＴ的全程徒步者早已經離去，所以當我和其他短途客聊天時，他們都會對我的經歷感到相當好奇，不過對我來說，我卻在一個完全陌生的環境中，我的同伴，我的戰友，全都在北加州奮戰中。

惠尼峰其實不在ＰＣＴ上，而是要先離開ＰＣＴ，走大約十多公里才能登山，當我來到這片不屬於ＰＣＴ的路段時，遇到更多前來單日攻頂的旅人，神態輕鬆，帶著好吃的食物，一邊野餐，一邊和朋友談笑生風，顯得我這個背著大背包、十天沒洗澡、頭髮又長又亂的人更加格格不入。我沒有停下來和別人聊天，我厭倦了別人的問題，厭倦了別人好奇的目光，也厭倦了獨自一人徒步的痛快。

來到山腰最後一個分支路口，我將背包內所有多餘的裝備拿出，只帶食物，水，和保暖衣服上山。背上背包的一刻，差點失去平衡，走兩步，也要扶一下石牆，因為背包實在太輕了，一剎那很不習慣！輕裝上路，走得輕鬆，但也不敢鬆懈，因為這裡是海拔四千公尺以上的區域，加上這段路並不平坦，一不小心就會受傷，所以徒步速度比之前更慢，最後三公里路，花了兩小時才到達山頂。

來到山頂，那種「大地在我腳下」的感覺已經不能用文字來形容，但比起這裡的美景，我正在享受的，是自己的內心，不斷讚嘆自己的堅毅，能夠走到這一步，才能欣賞到這樣的美景，美國本土最高峰，遊人可以開車到附近再單日來回登頂，而我卻走了二千多公里路，才抵達這裡，這一刻，風景多美已經不再重要，唯有經歷過一場這麼艱苦的行程後，內心才會得到那無可取代的滿足。

日落過去，跟隨其他登山客下山，一起到他們的營地過夜，第二天再坐順風車，回到久違的小鎮，在旅館好好休息一下。距離上一次睡在床上，已經相隔兩個月了，真的讓我有點不習慣。

回想過去一個月，走在被認為是全美國最漂亮的區域，難度也是整條PCT上最高的一段，很滿足，但這種滿足對部分徒步者來說是有代價的，有不少人在完成加州路段後，心魔又會出現，「這已經是最漂亮的一段，之後沒有什麼好看」或「連最難走的一段也克服了，後面的也不會難到你，所以現在退出也沒關係」之類的藉口，引誘你退出。

在PCT上徒步時，心魔像「北風與太陽」一樣，軟硬兼施地對待你，讓你忘記初衷。但說到底，所謂心魔，只反映自己的內心，如果意志夠堅定，不論威迫還是利誘，也不可能讓我放棄心裡真正渴望的事物。

美國本土最高點

只要不放棄，
總有一天會到
達終點

多餘的恐懼

　　過去幾個星期，身處高海拔的雪山地帶，面對嚴苛的環境，所帶的裝備，也比在其他地區時多。相信大多數的亞洲登山愛好者不知道什麼是熊罐。熊罐說白了就是一個可以鎖緊，不容易打開的密封塑膠罐，有隔絕氣味的作用，當來到中加州雪山一帶常有黑熊出沒的地區時，按美國國家公園法例規定，徒步人士必須使用熊罐，把食物和垃圾等有氣味的東西妥善保存，避免黑熊因嗅到氣味而過來騷擾露營人士。

　　使用熊罐，不單能夠保護自己，保護與我在同一露營區紮營的其他人之外，同時也是保護黑熊本身。如果一隻黑熊，做出騷擾人類的行為，就會「留案底」，捉到兩次後，那隻黑熊就會被槍斃，所以熊罐能減低黑熊「犯案」的誘因，避免牠們走上不歸路。

　　除了熊罐和雪爪等等特殊用途的裝備，我也重新檢視自己的裝備，還記得出發前，有的朋友們怕我會冷，叫我帶多一件厚衣服，有人怕我鞋子保護性不足，建議我穿重型登山鞋，但其實，這種「以防萬一」而多帶裝備的想法，並不適用於ＰＣＴ，對我來說，這些都是「多餘」的裝備。

　　什麼是「多餘」的裝備？有些東西，你覺得需要，我卻覺得多餘，甚至在我眼裡，很多大家認為是必須的裝備也是多餘的，這個斷定，建基於你在大自然裡的生活經驗和技巧，當你學會了如何不帶某個裝備，也能達到某個目的時，表示你不再需要它了，背包也會因而減輕，對於長途徒步

者來說，背包更輕，才能走得更遠。

　　背包裝著的，其實是大家的恐懼：害怕蚊蟲，所以帶蚊帳；害怕太陽，所以帶陽傘；害怕黑暗，所以帶功效更強的頭燈；害怕食物不夠，所以帶額外食物；害怕天冷，所以帶更厚的衣服……

　　輕量化裝備表面上是一套關於裝備使用的風格和模式，但其實，輕量化是一種生活態度和信念，當我們走得越多，越了解自己的技術和承受能力，當遇到難關，不是奢求那些精良裝備能發揮效用，而是要學會如何在無常的大自然中生存，這才是真正的克服自己，真正的突破自己。

流浪漢與徒步者

Ashland 是ＰＣＴ上相對較大的城鎮，居民和外來遊客也比較多，當我來到這裡時，身上的打扮顯得我和這個地方格格不入，突然，街道旁一個衣著襤褸的人主動和我打招呼，看到他和同伴身旁有些樂器，覺得是街頭藝人，就和他們聊起來，由於剛好是晚餐時間，我問他們附近有沒有評價不錯的餐廳。

「餐廳？你在找吃的嗎？要找吃的才不用去餐廳呢，你晚一點過來找我，我會給你好吃的。」他對我說。

那一刻，我才意識到，他們不是街頭藝人，而是流浪漢，餐廳關門後，他們會撿還可以吃的食物來充饑，而他們也誤以為我是流浪漢同伴，才主動對我「特別關照」。

在婉拒他們的好意，解決晚餐的問題後，晚上來到一個公園，在遊樂設施上露宿，靜靜地回想剛剛發生的經歷，現在的我，和流浪漢有何分別呢？我沒有看不起他們，但心裡還是有點抗拒，一無所有的他們卻願意幫助我這個素未謀面的陌生人，分享他們僅有的，真的讓我感到慚愧。

在美國徒步界中，大家戲稱全程徒步者是「走路的垃圾」（Hiker Trash），因為我們的外表，根本和垃圾沒有太大區別。看看鞋子和衣服上的破洞，是哪來的優越感，認為我比這些流浪漢高級呢？

當我們擁有得越多時，果然會越害怕失去，就連在野外生活了三個月的我，也無法完全擺脫固有的思維，這也代表自己仍然對「失去」感到恐懼。

　　每個人生在世上，追求的事物各有不同，窮困的人只求生存，三餐溫飽已經滿足；也有人求生活，在溫飽的層面上，希望可以過一些更體面的生活；而背包客們，在追求更高層次的東西，就是自我。

　　用什麼來體現自我？有人用知識，所以窮一生的精力去鑽研學術，而背包客，又或者是我自己，就是為了滿足對世界的好奇，才選擇出走。

　　「當我不斷去窮遊，就會越覺得，人，需要的東西真的很少。」當我窮遊時，強迫自己擁有更少的東西，就學會感恩，即使擁有的很少，也很滿足，人的天性是有無限的欲望，永無止境，但感恩，讓我在無法滿足自己的欲望下，仍然非常知足，那時候，證明你已經沒什麼可以輸了。

　　回想起還是在煩惱「人生意義」時期的我，我不知道存在於世上有何意義，對世界也沒有貢獻，但原來，要證明自己的存在，並不是要滿足別人的期望，而是順應內心的答案。每一個旅行者，出走一段時間後，都會找到一套屬於自己的人生答案，而這些獨一無二的答案，就代表我們努力追求的自我吧。

雙腳髒的程度遠超一般流浪漢

綠色長廊

如果南加州代表沙漠，中加州代表雪山，俄勒岡州就代表森林。在這七百多公里的路上，大部分路段都被樹木包圍，所以俄勒岡州被稱為「綠色長廊」，雖然景色有點平淡，不過沿路經過幾個主要火山區域，如三姐妹峰和傑斐遜山，以及眾多火山口湖，當中火山口湖國家公園更是世界知名的旅遊景點，所以俄勒岡州也有獨特的吸引力。

當我從 Ashland 回到了俄勒岡州的步道口，最後一千五百公里的行程正式開始！走在這段路上，我高興得大叫出來，俄勒岡州的路段實在是太簡單了，平緩的上下坡，讓這個剛剛從中加州高海拔雪山過來的我，感到天堂與地獄的分別，就算偶爾有較大的爬升，大約也只上升三、四百公尺而已，更重要的是，我在離開雪山後，把多餘的裝備寄到加拿大朋友的住所，讓背包輕了四至五公斤，大大減輕了負擔。

回想過去那一個月，真的非常痛苦，高海拔的折磨、沉重的背包、陡峭的上坡路、一個比一個高的山口，非常磨滅人的意志，但這份辛苦是有回報的，如果沒有中加州痛苦的折磨，就沒有俄勒岡州輕鬆的喜悅，就是這種雲霄飛車式的過程，才讓ＰＣＴ更加有趣。

其實我不是一個愛挑戰自己的人，就像大部分人一樣，如果可以，人生最好簡單一點，容易一點才適合我。登山和徒步時的痛苦，我一點也不享受，惰性是人之常情，但我又忍受不了平淡無味的人生，總是強迫自己

踏出舒適圈，為自己的人生增添一種與別人不同的色彩，對比起過著平淡的一生，徒步的痛苦並不算什麼。

雖然俄勒岡州的地勢變得平坦，不代表行程變得容易，因為我會依難度修正每天行走距離，由中加州時每天走約三十公里，增加至俄勒岡州要走約五十公里，早上起床後，一直走十一、二個小時，到晚上八、九點太陽下山時才停步，每天仍然過著相同的生活，不會因為路況簡單而減少徒步時間。

可能有人會認為，我走得這麼急，是不懂享受大自然，也是在勉強自己，但我很了解自己是一個「坐不定」的人，如果要我下午六點鐘，太陽還未下山的時候就停下腳步，反而感到不知所措，與其讓精神上感到不安，不如善用多餘的時間，繼續盡自己最大的努力走下去。

每個人的步伐，如同我們的價值觀一樣，各有不同，沒有對與錯之分，快與慢，也有其價值和優勢，只要不在意別人的目光，一直「徒自己的步」，不勉強自己跟隨別人的腳步，這就是最享受旅程，最享受人生的方法。

其實你身邊並不是只有不好的事，總有一天會雨過天晴

俄勒岡州山火頻發，這一片樹木的墓地讓我感到傷心

簡單

被稱為綠色長廊的俄勒岡州植被茂密，沿路有眾多火山湖和溪流，加上夏季融雪後助長蚊蟻產卵和生長，讓沿路蚊子眾多。走在路上，蚊子就在我身邊盤旋，雙手必須持續揮動登山杖，否則總會被叮咬。

最麻煩的是，晚餐時間正是蚊蟲最猖獗的時間，煮晚餐時，要不斷阻止蚊蟲飛進鍋裡「同歸於盡」，才能避免把蚊子當成配菜。飯後，要馬上躲回去帳篷的蚊帳裡，無法外出，睡覺時總聽到昆蟲在帳外的聲音，一整晚心緒不寧。

此外，雖然俄勒岡州地勢平坦，但冬季的暴風雪會壓倒不少樹木，雪季過後，步道上總有非常多的倒木在攔路，一些橫臥的巨木粗壯得比成年人還要高，也要先把背包拋至對面，才能翻過巨木。又有時候，不規則的倒木高得你不可能從上面翻過，只能蹲下，在小小的空間下，一拐一拐地慢慢走過，非常累人。

而當我在樹林中，迷路的機會也比走在山脊時大。某次為了上廁所而遠離步道，把背包放在路邊，結束後卻失去方向感，花了十五分鐘才回到原路。又有一次不小心走錯分支路口，翻過無數亂木後才發現走錯，又為了不走回頭路，直接翻越沒有路的斜坡，結過所花的時間更久，浪費更多體力。

幾個星期前，當我走在加州時，腳下的步道大部分是以泥土、細沙組成，但是俄勒岡州範圍內有不少火山，有幾個路段的步道都是以火山岩的碎石組成，不穩定的碎石除了讓自己的雙腿無法發力，拳頭般大小、但非常堅硬的火山岩不停地刺痛腳底，小石子跑進鞋裡更會增加長水泡的機會，每次走火山岩地帶，只能咬緊牙關忍受下去。

　　的確，俄勒岡州是ＰＣＴ上最「簡單」的路段，但大自然本身並不簡單，這就是ＰＣＴ的魅力吧，不同的路段有不同的風景，不同的難題考驗著自己的應變能力，也有不一樣的體驗，因為這樣，才讓五個月步道上的生活多姿多彩。

深藍

俄勒岡州的步道主要在森林中穿越，開闊區域較少，景色聽起來比中加州的雪山有點失色，但當你走了幾天森林後，就會來到美國最深的湖泊，以其深藍色的湖水而聞名世界的「火山口湖國家公園」（Crater Lake National Park）。

其實ＰＣＴ並沒有直接超過火山口湖景區，但十之八九的徒步者，也會繞一點遠路而來。不過，當距離火山口湖還有一星期路程時，聽到一個壞消息，火山口湖附近的森林發生火災，不論是ＰＣＴ主線還是火山口湖邊的支線都需要封閉。

距離火山口湖一天又一天接近，每天我都會查看火災的最新情況，但當我來到火山口湖前的營地時，步道還是仍未開放。如果照原定計劃出發，就需要繞過湖的另一邊，雖然仍然看得到火山口湖，但距離較遠，走的也不是人行步道而是車行公路。

在營地裡滯留了不少希望能近距離看火山口湖的徒步者，大家都希望步道快點重開，我也陷於兩難局面：繼續出發，就看不到火山口湖最美一面，留下停待，不知道等到什麼時候。

正當我仍然猶豫不決時，一名國家公園的工作人員走過來徒步者聚集的地方，通知我們步道明天將會重開！現場一陣歡呼和掌聲，我覺得自己

真的很幸運，雖然旅途中會遇到不少困難，但冥冥中上天自有主宰，總是在軟弱時、兩難時，獲得幫助，讓問題迎刃而解，那種失而復得的感覺，讓我深信「橋到船頭自然直」，縱使人在黑暗中，總會有曙光引領路向。

最後，當我來到火山口湖前，所看到的，是前所未見的深藍，廣闊的火山口就像沒有盡頭，湖中心的「女巫島」是一般湖泊所沒有的獨特地貌，震撼得我合不上嘴，這裡，成為我在ＰＣＴ上最喜愛景點的第一位。

重逢

　　總長度只有約七百三十公里的俄勒岡州，我只花十六天就來到鄰接Ｐ
ＣＴ最後一個州——華盛頓州的邊境小鎮 Cascade Locks。走得這麼快，除
了因為這段路比較平坦，更重要是希望趕得及來到這裡，參加在八月十九
日舉行的「步道日」（PCT Day）。

　　一年一度的步道日，是ＰＣＴ上最大型的盛事，每年會吸引眾多Ｐ
ＣＴ愛好者前往參加，除了有往年的徒步者、分段徒步者和步道天使外，作
為當年主角的全程徒步者當然也不能錯過，不論當時徒步者們身在何方，
都會想辦法坐車前來參加，狂歡盡興之後，再回到原來的地點，繼續徒步。

　　當參加者來到 Cascade Locks，大部分都會選擇在特定地方露營。近
二百頂各式各樣的帳篷，豎立在哥倫比亞河的小島上，讓我們和久別重逢
的戰友，聊一下步道上的點點滴滴。

　　「Shifu，你還記得我嗎？」突然有人從背後把我叫停，眼前是一位中
年男子，從穿著來看，並不像徒步者。他看到我眼中的猶豫，補上一句，「我
們在 Julian 時睡在同一張床上呢！」

　　Julian 是ＰＣＴ第一百二十幾公里處的一個小鎮，當時膝蓋受傷的我，
被迫來到這個小鎮，打算住好一點休息一下，不過旅館雙人房要價八十美
金，我無法負擔，最終等到 Dave 的出現，和他訂了同一間房間，後來才發

現房內只有雙人床，兩個素未謀面的陌生人，就在同一張床上過了一夜。

「你還在徒步嗎？」雖然記得他曾說過不會走完全程，但還是想知道他的近況。

「我走到大約一千公里時就退出了，明年再來走中加州這一段，因為我住在華盛頓州，今天特意過來參與步道日，想不到會遇到你。」之後，我向他「匯報」徒步情況，就如向幾個月前的自己交待一樣。「很高興你還在走，我認識很多徒步者，都已經中途退出了，你距離加拿大還剩不到一個月，終點在望了，加油！」一個已退出的徒步者的鼓勵，比千言萬語都有力。

我的行程已經來到最後直路，步道日重遇 Dave，讓我回想起幾個月以來幫助過自己的人，由於很多人都只有一面之緣，沒留下任何聯絡方法，我也不可能回報任何事，所以真的很想告訴他們，因為他們的幫助，我已經走到了這一步了，我一定不會辜負他們的期望，抵達終點。

步道日有很多不同的活動

自發上山清理
步道的義工

眾神之橋

　　經過了三天步道日的休息，又是時候收拾心情，準備挑戰ＰＣＴ最後一個州，華盛頓州。俄勒岡州和華盛頓州的邊界，被哥倫比亞河一分為二，徒步者要前往華盛頓州，必須走過知名的「眾神之橋（Bridge of the Gods）」，《那時候，我只剩下勇敢》的女主角雪兒，就是以「眾神之橋」，作為行程終點，所以這座橋，在很多徒步者心目中，是一個重要的里程碑。

　　「你覺得ＰＣＴ能夠讓你有什麼改變嗎？」行程中有人這樣問我，就算我在行程之初，有再多幻想，沒有真正走過一次ＰＣＴ，是不可能想像到，一次真正超越自己極限的挑戰，能夠改變自己什麼，偏偏現實中，很少人願意去做這種不知道回報的付出，最終讓自己永遠無法突破自我侷限的框架。

　　要打破框架，還有一項很重要的，就是會作白日夢。很多人認為白日夢是幻想，不切實際又浪費時間，認為著重眼前更加重要，但其實幻想，是實現理想的第一步，就如科學家先大膽假設，再小心求證，才能發現新理論。

　　正所謂 Think Big ，然後 Do Small，當我在徒步時，也會不停地幻想未來的自己，有可能是知名作家，又或者是專業登山高手，但和很多人不同的是，我會嘗試踏出那艱難的第一步，無論有沒有回報，都願意付出，才有到達終點的可能性，如果只幻想而不去行動，幻想只會淪為空想。

走過「眾神之橋」，對我來說也是重要的里程碑，越過了兩州的邊境，讓我意識到，加拿大這個目標，不再像行程初段時一樣遙不可及，這個旅程，還有不足一個月就會完結，而完結，代表了另一個新的開始，回到了名為「人生」的這條步道後，再沒有明確的路標指引路向，也沒有明確的終點，只能憑藉ＰＣＴ給我的勇氣，在迷霧中的人生路中，咬緊牙關繼續向前。

雪兒的終點，是我最後一段的起點

相遇

　　自出發那天以來，已經過了上百天，走了三千多公里，過去兩個多月以來，我都是獨行為主。當初因為不想受限制而決定離開台灣的隊友們，日復一日的行走，旅程漸漸變成了例行公事，每天只重視走了多少公里，當我面對不同的處境時，很難再為自己帶來新鮮感，我心裡也很明白，這個旅程不會因為一天能走多少公里而變得更加精彩。

　　最後，緣份讓我們相遇了。

　　當我徒步華盛頓州的第三天晚上，如常來到一個露營區，天色已晚，沒有和現場其他徒步者聊天，就以牛仔式露營的方式，不搭帳篷直接睡覺，第二天早上，準備出發的徒步者吵醒了我，模模糊糊之間，只記得有人為吵醒了我而說抱歉，就繼續睡覺，我在大約一個小時後才起床，開始新一天的行程，結果，在前往補給小鎮的公路口，重遇他們。

　　當時剛好有步道天使在公路口提供食物和飲品，他們才會在那裡停留，之後我們就一同出發，直至當天下午五點多，他們打算停下來露營，我開始在腦海中交戰：應該和他們一起結束今天的行程？還是自己繼續上路？如果是一個月前的我，可能還是想一個人無拘無束地徒步，但今天因為緣份而相遇，難道還要再次糟蹋這段緣份嗎？

　　最後，我留下來了，一起撿樹枝，生營火，互相分享自己的食物，說

自己的故事。聊天後才知道，原來他們四個人，原本就不是同一個隊伍，只是剛好前一天在同一個營地過夜，才變成一個隊伍。一般情況下，全程徒步者並不熱衷與其他人組隊，但這一天，不知道為什麼，大家在沒有互相商量和溝通的情況下，一反常態地走在一起，甚至默認一行五人是一個團隊，沒有多說一句，大家成為了隊友。

我一直是喜愛自由自在不受他人影響地行動，但可能只是逃避面對別人的藉口。從小以來，總是想有多一點朋友，但又不擅與人交往，常常想引起別人注意，又弄巧成拙，所以沒多少交心的朋友，而又很在意別人對自己的看法，所以心情很容易受到影響，也沒什麼自信心，總覺得自己是失敗者。

畢業後，成為半個隱蔽青年，有時候兼職賺一點生活費之外，大部分都在自己的房間，對著電腦過日子。雖然後來決定繼續升學，但因為害怕被傷害，總是和別人保持距離，不得罪人時也不討好他人，我很喜歡這種生存模式，但我也很明白，獨自一個人，無法在現實社會中立足，同樣地，我可以在ＰＣＴ中享受一個人的自由自在，但終有一天會到達終點，回到現實，不論日常生活社交，或是工作上的合作，都不可能一個人完成。

這次的相遇，我覺得是上天給自己一個提醒，了無大志的我，的確可以一直逃避下去，但如果要在現實中有一番事業，就必須正面面對自己所恐懼的，不是要克服，而是適應，就像我在這一百多天的行程裡，像水一樣面對各種難關而隨機應變。

世外桃源

我們一直都認為南加州代表沙漠，中加州代表雪山，俄勒岡州代表森林，但每當我問到別人「華盛頓州是怎樣」時，別人總是很苦惱該怎麼回答，原來華盛頓州沒有明顯的地貌特徵，所以也沒有人能夠用一個單詞，準確形容華盛頓州的風格。

但這並不表示這段路不過爾爾，相反，有不少全程徒步者認為，這裡的景色，比中加州雪山有過之而無不及，結果有人就用了「世外桃源」一詞，代表華盛頓州，這種神秘，讓這最後八百多公里路程，成為了最期待的一段路。

華盛頓州的另一「特色」，就是雨量很高，雖然下雨是徒步者的大敵，但那些變幻莫測的雨雲，既是「豬對友」，也是「神隊友」，比起之前萬里無雲的天空，這裡的景色更添夢幻，十秒前可能什麼都看不到，十秒後可能出現仙境。當雲不斷地飄動，每一秒，我們看著不一樣的美景，真的就如世外桃源一樣，難怪有徒步者在走到加拿大後，決定原來折返，再走一次華盛頓州，因為每一次都有不同的感覺。

在離開眾神之橋，開始華盛頓州的行程後，第一印象是「和俄勒岡州很相似」，一樣是在森林中穿越，但由於雨量充足，讓這裡的植被更豐盛，在步道上細心一看，到處都能見到漂亮的野花和奇形怪狀的菌類植物。步道其中一段更會穿過「大樹林群」區域，讓徒步者被眾多直徑近兩公尺，

高度超過二十層的紅杉包圍，最吸引我的，是步道兩邊有吃之不盡的藍莓，我們都忍不住慢下腳步，雙手不停地採摘，一次把一大堆藍莓放入口中，嘗試填補那空虛的胃袋。

華盛頓州「山羊石自然保護區（Goat Rocks Wilderness）」的景色，被眾多徒步者認為可以與優勝美地國家公園一決高下。離開森林區域後，不同形狀的山出現在眼前，讓我又愛又恨的是一段被稱為「刀刃」的路段，我們需要走在狹窄的山脊上，最窄的位置大約只有一公尺的寬度，兩邊就是懸崖峭壁，同時要抵受接近颱風級的風力，人要站穩也有困難，我既想停下來享受美景，又受不了強風只想盡快離開，心情非常矛盾。

除了壯麗的山脊，沿路亦會經過一些深藍的湖區，而遠處可以看到境內有名的三座火山：阿當斯山、聖海倫山和瑞尼爾山，景色的多樣化，讓我終於明白，為什麼不能用一個單詞去形容華盛頓州的地貌，因為除了南加州的沙漠，整條ＰＣＴ都濃縮在華盛頓州之內。

曾經聽說過，有些全程徒步者在完成美麗的中加州區域後，因為心靈得到滿足，覺得「連ＰＣＴ上最美麗、最困難的一段都已經走完，所以不需要繼續走下去了」而離開步道，但他們不知道，原來ＰＣＴ尾聲，仍有這麼精彩的美景在等著所有人。

現實中，我們永遠不會知道，前方有什麼在等著，有時候一些事物的價值，不在於事物本身，而是在於我們勇敢努力追求的過程，就算最後才發現，原來華盛頓州的景色不過爾爾，也無損徒步幾千公里的價值，不論來到人生裡的是好是壞，都需要自己去探索和體驗，生命才有真正的價值。

刀刃般的山脊

減速

來到行程尾聲，一天徒步四十多公里變成平常事，有一次坐在地上休息時，發現小腿變得非常結實，完全沒有多餘的脂肪，比中學時愛運動的自己更強壯，我才意識到，原來在不知不覺間，身體變得不一樣了，從來不愛鍛練的我，很難想像能夠擁有這麼強壯的肌肉。

有些人為了達成目標，會做一些高強度的訓練，有人能夠成功，也會有人失敗，而失敗的原因，往往因為他們不能堅持下去，相比起到健身房做針對性的肌肉鍛練，一般的登山徒步，其實是效率較低的鍛練方法，但原來，當你持續做了幾十次，甚至上千百次之後，身體會很誠實地告訴你，你的努力，你的堅持，是會有成果的。

正當我以為餘下的路已經再沒有任何難關可以阻擋我到達加拿大時，卻遇到來自身體所發出的警號。

身邊的隊友，都是已經走過幾千公里路的徒步健將，再加上他們美國人步大力雄，平常的速度已經有點難以跟上，幸好大家都有共識，不需要特意遷就隊友的步伐，各自按自己的速度前進，只需要在休息時等候其他人，之後再一起出發。

但我漸漸追不上他們了，而且切切實實感受到身體出現了一些狀況，食欲不振，身體發不出力氣，不要說上坡，連下坡也無法加速，再過一天，

肚子開始痛起來，看來是吃錯東西了，最大嫌疑是喝了沒有過濾的水，又或者是有點變了味的醃肉。

感謝隊友沒有丟下我不管，反而增加自己的休息時間，讓我可以走慢一點，雖然肚子痛影響了心情，但我明白，調節心態才是克服難關的最大法門，所以我決定把每天要求自己最少走四十公里的規定，調降至三十公里，讓自己有多點時間休息。

這時候，讓我想起ＰＣＴ上的金句，「重點不是走得多遠，而是學會享受過程（It's not about the Miles, it's all about the Smiles）。」原來當我沒有了里程的壓力，才能更放鬆地享受難得休閒的時光，看到潺潺流水，剛好到了午飯時間，就在懸崖邊找一顆大石頭，作為廚房，也是擁有無敵景觀的飯堂。飯後不用馬上收拾，而是泡一泡茶，發一發呆，我才明白，身體藉著這次機會，叫我放慢腳步，更珍惜這段時光。

過程重要，結果也很重要，其實兩者並沒有矛盾而可以共存的，重點是如何平衡，如何調節自己的心理狀態。當我過於享受現況，就要謹記初衷，繼續前進；當行程已經變成例行公事，就要思考這段旅程的意義，加入不同元素，體驗不一樣的經歷。

但這種平衡，也是一種負擔，當我距離加拿大還有一個星期行程時，我終於不用再想太多，好好放鬆身體，好好享受美景，好好感受最後的這段時光。

最後六十英里了

徒步如人生

我成功了！

四千二百八十六公里，一百三十九天的旅程，是時候落幕了。

由開始時，我說我肯定能夠完成全程，到現在，我卻感到不可思議，我怎麼可能做到的！不是我自誇，但這的確不是人人能達成的事。

感謝父母的體諒和開明，讓我出走了兩年半；感謝我的朋友們，一直支持我鼓勵我；感謝我的讀者們，對我的故事感興趣，讓我有動力寫作下去；感謝捐款給受助人的善心者們，讓我有強烈的責任感，推動我不能放棄；感謝台灣的戰友們，雖然一起走的時間不算長，但大家一路上打氣支持，讓我知道自己並不是在獨自作戰；感謝一路上幫助過我的天使和徒步者們，除了讓我走得更遠，也讓我體驗到美國的好人好事；感謝南加州的沙漠，讓我有一個新奇的開始；感謝西耶拉的雪山，讓我有一個艱難的挑戰；感謝俄勒岡的丘陵，讓我有一個充足的回復；感謝華盛頓的山脈；讓我有一個精彩的結束。

感謝我的腦袋，有這種出走體驗的想法；感謝我的心靈，有足夠的勇氣讓我踏出第一步；感謝我的雙腿，雖不強壯但還是堅持了這麼長的路；感謝我的雙肩，支撐住那沉重的背囊；感謝我的身體，讓我在一路上強壯健康走更遠的路……

再次回想出發前大家對我說的各種不可能，才真實感受到，一件事能不能實現，第一步必定是敢於嘗試和挑戰，你永遠不會真正知道，自己的極限在哪裡，是你的腦袋，限制了行動和極限。

　　我只是一個隨處可見的平凡人，天性懶散而被動的我，不愛用功和堅持，常常「三分鐘熱度」，從來沒有堅持去過健身房，也沒有持續練跑的習慣，體能不算特別好，不過「廢青」如我，也能走完這條被很多人被為「不可能」的步道，只因為我比他人多走了一步，踏出了舒適圈，讓自己的世界得到改變，也找到了真正想達成的目標。

　　沒有方向的人生，就如迷路在森林中，永遠無法脫離，而曾經迷茫的我，為了不再回到過去那種行屍走肉般的人生，才會更努力抓住目標，當真心希望脫離這個困境時，就會願意鼓氣勇氣，踏出那最重要的第一步。

　　走完ＰＣＴ，不會改變人的本質，我仍舊是那個懶惰、被動的廢青，但我變得充滿自信心，不是只想著「如果失敗了會怎樣」，而是想著「怎樣才能讓事情成功」。

　　過去的四個半月裡，精神上的自我突破，行程上的遺憾，遇到各種感動的好人好事，也有氣餒想作弊想放棄的時候，百感交集。在步道上，可以和不同國籍不同身分不同年齡的人相處，也有杳無人跡的環境讓自己獨處，而步道本身，有大起大落的斜坡，也有平淡沉悶的平路，不同的地貌，不同的考驗，不同的體會，就如人生中的甜酸苦辣，徒步者把整個人生，濃縮在短短的一百多天時光裡，人生中遇到的大部分處境，都可以用步道上的經歷去解讀，當我們在步道上經歷了、克服了，也會成為我們面對未來人生路的強心針。

　　我還記得，當面對某些困難的路段時，忍不住開始抱怨起來，但冷靜過後就能明白，大自然一直不變，這條路，不會遷就你，不會因為你的抱怨，而自動降低難度。要越過高山低谷，最重要的不是改變環境，而是改變自己，當自己變強後，才有能力去克服更嚴苛的環境。

　　我們離鄉別井半年，來到地球背面的美國，其實並不是來徒步ＰＣＴ這條步道，而是在這步道上生活，現在，ＰＣＴ結束了，也是近三年出走旅程的終結，但這不是我人生的終點，雖然回歸到名為「人生」的步道上，但我的靈魂不會因此而灰沉，下一個目標，下一個方向，正等著我去挑戰！

後記

回想三年多前，辭職出走，沒有想太多後路，反正也控制不了太多，最重要是享受旅程，到後來的徒步環台和澳洲工作假期，才開始思考前路。我當然不想重回舊路，再過同樣的人生，但又說不出，怎樣才能把自己的經歷，轉化成現實的個人事業。

由違心地打算移民澳洲，到發現內心真正的想法，而再次回到背包客身分，我已經繞了不少遠路，我希望，這次真的能夠有點頭緒，知道如何走下去，如何將我喜歡的「山」，變成我的個人發展。

雖然香港只是一個小城市，卻擁有非常大面積的郊野公園，很多香港人都會在假日時出外登山，但由於香港交通太便利，讓大部分人只會計劃單日徒步，國外很多世界級路線，也是要走幾天甚至一個星期，所以當我在國外登山徒步時，很少會遇到香港人。

在我面前的，是尼泊爾八千公尺大山、是法國秀麗雪山、是冰島彩色火山時，我都會有同一想法——

「我希望更多香港人，能夠看到同一片美景！」

感謝好友林輝，他的公司「輕背包」經營海外深度遊的旅行團，在我回港後，聘請我成為領隊，帶客人到尼泊爾登山，也給了我靈感，成立自己的登山公司，為香港人提供多一個途徑，到國外看到各種名川大山。

於是，我開辦了「山旅行」海外徒步公司，雖然只是起步階段，但我有信心，可以堅持到成功。ＰＣＴ好像很困難，但只要不放棄，總有機會到達終點，但人生的路上卻不一樣，有很多客觀因素是無法控制的，努力不一定會帶來成功，但經過這次行程，我很了解，不努力，不堅持就一定不可能成功。

長達四個半月的旅程完結了，這段時間聽起來不算長，對我來說，卻像離開了文明社會很久一樣，事實上，短短的幾個月裡，為我的人生，帶來翻天覆地的轉變，接下來，名為人生的這條步道，會有更多的挑戰等待著我，可能成功，可能失敗，但都必定會謹記ＰＣＴ上的那句名言，「徒自己的步（Hike Your Own Hike）。」依自己的風格，按自己的目標，按自己的想去，繼續走下去。

凱特文化 愛旅行 79

最慢的速度：PCT徒步太平洋屋脊

作　　　者	王維寶
發 行 人	陳韋竹
總 編 輯	嚴玉鳳
主　　編	董秉哲
責任編輯	董秉哲
封面設計	萬亞雰
版面構成	萬亞雰
行銷企畫	黃伊蘭

製　　版	軒承彩色印刷製版有限公司
印　　刷	通南彩色印刷有限公司
裝　　訂	智盛裝訂股份有限公司
法律顧問	志律法律事務所 吳志勇律師

出　　版	凱特文化創意股份有限公司
地　　址	新北市236土城區明德路二段149號2樓
電　　話	02-2263-3878
傳　　真	02-2236-3845
讀者信箱	katebook2007@gmail.com
部 落 格	blog.pixnet.net/katebook

經　　銷	大和書報圖書股份有限公司
地　　址	新北市248新莊區五工五路2號
電　　話	02-8990-2588
傳　　真	02-2299-1658
初　　版	2018年6月
定　　價	新台幣320元

國家圖書館出版品預行編目資料

最慢的速度：PCT 徒步太平洋屋脊／王維寶 著．
——初版 ．—— 新北市：凱特文化，2018.6　176 面；15×21 公分 ．
（愛旅行；79）ISBN 978-986-96201-3-0（平裝）

1. 徒步美國　2. 美國　　　　752.9　107004802

凱特文化 讀者回函

敬愛的讀者您好：

感謝您購買本書，只要填妥此卡寄回凱特文化，我們將會不定期提供您最新的出版訊息與特惠活動資訊！

您所購買的書名：最慢的速度：PCT徒步太平洋屋脊

姓　名 _____　性別 □男　□女

出生日期 _____年_____月_____日　年齡 _____

電　話 _____

地　址 _____

E-mail _____

____ 學歷：1.高中及高中以下　2.專科與大學　3.研究所以上

____ 職業：1.學生　　2.軍警公教　3.商　　　4.服務業

　　　　 5.資訊業　6.傳播業　　7.自由業　8.其他

____ 您從何處獲知本書：1.書店　　　2.報紙廣告　3.電視廣告　4.雜誌廣告

　　　　　　　　　　 5.新聞報導　6.親友介紹　7.公車廣告　8.廣播節目

　　　　　　　　　　 9.書訊　　　10.廣告回函　11.其他

____ 您從何處購買本書：1.金石堂　2.誠品　3.博客來　4.其他

____ 閱讀興趣：1.財經企管　2.心理勵志　3.教育學習　4.社會人文

　　　　　　　 5.自然科學　6.文學小說　7.音樂藝術　8.傳記歷史

　　　　　　　 9.養身保健　10.學術評論　11.文化研究　12.漫畫娛樂

請寫下你對本書的建議：

_____

_____

_____

_____

_____

廣　告　回　信
板 橋 郵 局 登 記 証
板 橋 廣 字 第 836 號
免　貼　郵　票

to 新北市23660土城區明德路二段149號2樓

凱特文化創意股份有限公司 收

HIKE YOUR OWN HIKE

姓名：

地址：

電話：

HIKE YOUR OWN HIKE

PCT徒步太平洋屋脊

最慢 的—速度